辽宁省社会科学规划基金项目“辽宁红色文化谱系的抗美援朝精神研究”（L20BDS001）成果之一

新时代爱国主义精神培养的路径创新研究

温海波　著

北京燕山出版社
BEIJING YANSHAN PRESS

图书在版编目 (CIP) 数据

新时代爱国主义精神培养的路径创新研究 / 温海波著 . -- 北京 : 北京燕山出版社 , 2022.12

ISBN 978-7-5402-6786-5

Ⅰ . ①新… Ⅱ . ①温… Ⅲ . ①爱国主义教育 - 研究 - 中国 Ⅳ . ① D647

中国版本图书馆 CIP 数据核字 (2022) 第 255958 号

新时代爱国主义精神培养的路径创新研究

出版发行：北京燕山出版社有限公司

社　　址：北京市丰台区东铁匠营苇子坑 138 号 C 座

邮　　编：100079

责任编辑：刘占凤　吴蕴豪

版式设计：优盛文化

印　　刷：定州启航印刷有限公司

开　　本：710mm × 1000mm　1/16

印　　张：13.25

字　　数：230 千字

版　　次：2022 年 12 月第 1 版

印　　次：2024 年 1 月第 1 次印刷

ISBN 978-7-5402-6786-5

定　　价：78.00 元

前言

爱国主义，顾名思义，是指一个国家的人民对自己国家产生的热爱、忠诚和献身的浓厚情感、崇高思想和质朴行动。

爱国主义是中华民族在发展中形成并贯穿于数千年中华民族历史中的重要精神。爱国主义是中华民族的民族心、民族魂，是中华民族最重要的精神财富。在中华民族几千年绵延发展的历史长河中，爱国主义始终是激昂的主旋律，始终是激励我国各族人民自强不息的强大力量。

中国特色社会主义进入新时代，我国社会主要矛盾已经从“人民日益增长的物质文化需要同落后的社会生产之间的矛盾”转化为“人民日益增长的美好生活需要和不平衡不充分的发展之间的矛盾”。新时代爱国主义精神是为了适应新时代中国特色社会主义主要矛盾，在特定的社会背景与历史条件下，通过吸收、借鉴传统爱国主义思想及其他思想理论逐渐形成、发展起来的。新时代爱国主义精神在新的历史条件下被赋予了新的内涵。

新时代爱国主义精神在中国特色社会主义建设和中华民族伟大复兴的中国梦的实现过程中起着重要的思想引导作用。本书共分为七章，第一章从古代、近代、现代爱国主义精神的视角对中国爱国主义的历史进行了详细阐释；第二章对新时代爱国主义精神产生的背景、理论依据和新时代爱国主义精神的内在逻辑进行了分析；第三章系统介绍了新时代爱国主义精神的基本内涵、时代特征和伟大意义；第四章系统介绍了新时代爱国主义精神培养的时代背景、时代条件和时代意义；第五章对红色文化的生成与分类、红色文化中蕴含的爱国主义精神、借助红色文化培养新时代爱国主义精神的创新路径进行了详细阐释；第六章围绕国防教育，对国防教育中蕴含的爱国主义精神、借助国防教育培养新时代爱国主义精神的创新路径进行了详细阐释；第七章围绕新媒体，对新媒体时代爱国主义精神培养的机遇与挑战、借助新媒体培养新时代爱国主义精神的创新路径进行了详细阐释。

本书内容翔实，逻辑清晰，深入浅出，并插入了大量历史案例，以图文结合的形式进行论述，适用于各级各类教育工作人员、大中专学生阅读。

目录

第一章 新时代爱国主义精神产生的基础与前提

爱国主义是中华民族精神的核心。爱国主义精神深深植根于中华民族心中，是中华民族的精神基因，维系着华夏大地上各个民族的团结统一，激励着一代又一代中华儿女为祖国发展繁荣而不懈奋斗。

——党的十九大

第一节　新时代爱国主义精神的历史源流——古代爱国主义精神

爱国主义是中华民族精神的核心。中华民族的爱国主义精神源远流长，在不同时期，爱国主义精神的内容也不尽相同。本节主要对中国古代爱国主义精神的形成、内涵和分类进行分析。

一、古代爱国主义精神的形成

中国是一个有着五千多年悠久历史和灿烂文明的国家，数千年来积累了丰富而宝贵的文化财富。中国古代爱国主义思想是中国宝贵的文化财富和精神财富的重要组成部分，是随着中国古代历史的发展而逐渐形成的。

中国古代爱国主义精神是随着国家的产生而逐步形成的（图 1-1）。中国古代社会主要经历了原始社会、奴隶社会和封建社会三个历史阶段。

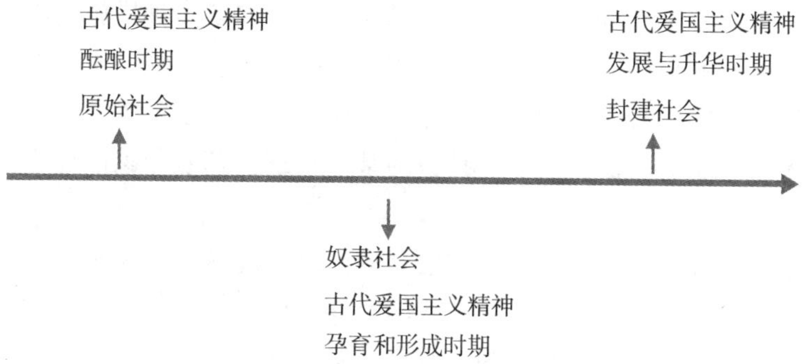

图 1-1　古代爱国主义精神的形成示意图

原始社会经历了原始人群、氏族公社和农村公社三个阶段。原始社会早期，为了在恶劣的自然环境中生存下来，原始人类往往结群而居，于是形成了原始人群。原始人群时期，人类的认识自然的能力和改造自然的能力有限。由于生产力十分低下，原始人群为了生存，只能采取相互协作和共同劳动的形式，对土地的认识十分浅显。

随着生产力的发展，原始人群逐渐在渔猎和采集的基础上学会了种植，逐渐定居下来，向氏族公社过渡。氏族公社时期，多个氏族组成一个胞族，数个胞族组成一个部落，部落之间相互合作与聚集，形成了部落联盟。氏族、胞族、部落和部落联盟构成了氏族公社的社会组织结构。

在氏族公社末期，随着社会生产力的进一步发展，除原始农业之外，原始手工业和原始畜牧业也相继出现，人们对土地的认识进一步加深，出现了土地所有意识和所有关系的萌芽。

随着人口的增加，原始部落之间的发展呈现出不平衡的状况，各个原始部落之间的矛盾和冲突日益明显，战争常年不断。随着历史发展，原始社会逐渐从以血缘关系为纽带向以地域关系为纽带发展，进入农村公社时期。原始社会农村公社的核心生产资料为土地。随着个体家庭人口的增加，土地作为公有生产资料，以家庭方式经营，出现了土地私营、土地所有权与使用权分离的现象。土地所有制中产生了一定的私有成分。

随着土地私有化的发展，原始社会的政权转移方式——禅让制逐渐向世袭继承制发展。大禹死后，将部落联盟首领的地位禅让给伯益，然而大禹的儿子启取代伯益，成为新的部落联盟首领，并确立了不同于禅让制的世袭继承制，建立了中国最早的国家——夏。

夏朝建立后，夏启及其后继者为巩固王权采取了多种措施，在这一过程中逐渐形成了中央集权的官僚机构，成立了一支数量可观的常备军，形成了一定的财政税收和法律制度，并通过国家命名、宗教祭祀等活动获得了较为广泛的认同，逐渐具备了国家应具备的基本特征。随着国家的建立，古代爱国主义进入孕育、形成阶段。

继夏朝之后，商周两朝对夏朝建立的国家制度进行了完善和发展，建立了相对完备的中央集权制度。春秋战国时期，中国从奴隶制社会向封建社会过渡，加上诸子百家思想的出现，受多元价值观的影响，古代爱国主义思想逐渐丰富。秦朝这一大一统王朝的建立推动中国进入封建社会，促使古代爱国主义思想得以发展和深化，具体表现在以下几个方面。

第一，大一统王朝的建立为中华民族的生存与发展创造了相对优越的自然生态环境以及相对稳定的政治环境。秦汉以来，中国古代的政治制度、伦理道德、社会风俗逐渐形成和完善，虽历经朝代更迭，但并未中断，为中国古代人民创造了相对稳定的政治和经济发展环境，并有助于文化的传承和传播，获得了各族人民的民族文化认同。

第二，大一统王朝的建立使中央权力高度集中，并创造了许多举世无双、无与伦比的辉煌业绩。例如，古代长城、大型宫殿群、大型水利工程等建筑工程的修建，文化教育的兴盛，边疆的开拓及开发等，造福当世，膏泽斯民，有利于各族人民对国家的认同感和自豪感等情感的形成。

第三，大一统王朝的建立使历朝历代的统治者在维护统治阶级统治时能对人民进行忠君爱国思想的灌输，对忠君守节爱国人物事迹进行褒扬。这在客观上推动了古代爱国主义精神的发展。

综上所述，对个人来说，国家为个人提供生活和发展的必要条件，满足个人发展必不可少的政治、经济和文化需求，个人则会从心理上对国家产生一种独特的眷恋和依赖之情。这种眷恋和依赖之情经过一代代中华儿女的培育后，形成了一种系统的、理性的情感，经过升华后就形成了爱国主义精神。古代大一统王朝的建立与发展在客观上推动了中国古代爱国主义精神的发展与深化。

二、古代爱国主义精神的内涵

从夏朝到清朝末年，在数千年的历史发展中，中国古代爱国主义精神逐渐孕育、发展、深化，形成了博大精深而独具特色的爱国主义精神内涵。中国古代爱国主义精神内涵主要包括以下几个方面。

（一）开发和改造河山，创造光辉灿烂的物质文明和精神文明

在中国古代数千年的历史发展中，一代代劳动人民用勤劳的双手不断开发和建设国家的大好河山，创造了数不胜数、光辉灿烂的物质文明和精神文明。中国古代劳动人民不断推动生产工具的革新，推动科学技术的发展及其在实际生产和生活中的应用，进而推动了中国古代各项事业的发展。

以古代农具的发展为例。原始社会时期的农业生产采用“刀耕火种”的方式，先民在种植的过程中发明了以木棍和石块制作的原始农业生产工具——耒耜。夏商时期，随着青铜技术的发明与发展，出现了青铜制作的铲、锄、犁等农具，极大地提高了农业生产效率。春秋时期，铁农具的出现和使用以及牛耕的推广进一步推动了我国农业生产力的发展。魏晋南北朝时期，随着农业生产工具的革新，北方地区形成了以耕、耙、耱为核心的精耕细作技术。隋、唐、宋、元时期，南方地区形成了水田精耕细作技术，推动

中国古代精耕细作的传统农业发展到一个新的水平。生产工具的发展与革新体现了无数古代劳动人民改造自然、建设河山的魄力与智慧。

敦煌莫高窟、秦始皇陵兵马俑、万里长城、都江堰、大运河等均是中国古代劳动人民创造的文明遗迹。

中国古代历史上涌现出了无数伟大的科学家、发明家，如张衡、蔡伦、刘洪、郭守敬、毕昇、黄道婆、李时珍、沈括等，他们用智慧和勤劳来认识世界和改造世界，推动着我国文明的发展。

除了光辉灿烂的物质文明之外，中国古代还形成了博大精深的精神文明。孔子、孟子、屈原、司马迁、司马光、李白、杜甫、苏轼、陆游、辛弃疾、王守仁、蒲松龄、曹雪芹等文学家、思想家以及无数不知名的劳动者共同推动着中华民族的繁荣兴旺，为中国古代精神文明的创造做出了卓越贡献。

（二）反抗民族压迫和外来侵略，捍卫国家主权和民族尊严

在中国古代历史上，当国家处于危难之时，各族人民就会团结起来，同仇敌忾，共御外侮。

在中国古代历史上，当面对民族压迫和外来侵略时，劳动人民奋起抵抗，表现出捍卫国家主权和民族尊严的决心和毅力，涌现出许许多多民族英雄。

例如，自元代以来，日本海盗频繁袭击侵扰我国东南沿海，并逐渐演变为倭寇，侵扰中国沿海地区 300 余年，严重威胁和影响着中国航海贸易的发展以及东南沿海地区人民群众的生命财产安全。明代嘉靖年间，面对越来越猖獗的倭寇，戚继光组建并训练了一支由汉族、土家族、苗族、壮族等多民族将士组成的保卫边防的军队，屡次率领这支军队击败来犯的倭寇。经过 10 余年的努力奋战，他们基本肃清了东南沿海的倭寇，在捍卫国家安全、保障人民的生产生活、反抗外来侵略、保家卫国的历史上书写了光辉的一页。

（三）反对民族分裂，维护国家统一和民族团结

自秦朝建立大一统的中央集权制度以来，在中国古代两千多年的封建历

史上出现了数次国内动乱和分裂割据，各民族人民表现出强烈的反对民族分裂、维护国家统一和民族团结的精神。

这种反对民族分裂、维护国家统一和民族团结的精神使中国古代始终保持多民族不断交流、融合、共同发展的特点。

例如，春秋战国时期，诸侯国林立，诸侯国之间的各项制度均不相同，严重地阻碍了生产力的发展。秦始皇经过多年奋战，统一六国，结束了分裂割据的局面，建立了大一统的封建帝国。之后，秦始皇陆续颁布政策，统一全国各地的文字、货币、度量衡，极大地推动了生产力的发展。

又如，东汉末年，时局动荡，朝廷式微，国家分裂，三国两晋南北朝的 300 多年间有 30 余个大小王朝交替兴灭。长期的封建割据和连绵不断的战争严重影响了中国古代经济、文化的发展，使人民饱受战乱之苦。隋文帝杨坚统一全国，结束了自西晋末年以来的分裂局面，维护了国家统一和民族团结。

在中国古代人民反对民族分裂、维护国家统一和民族团结的过程中，各民族之间相互交流、融合，共同发展，涌现出了一批又一批爱国志士。他们怀着强烈的爱国主义激情，为中华民族的团结和国家统一做出了重要贡献。

正是由于爱国主义精神的凝聚，中华民族数千年来经受住了无数艰难困苦，始终屹立于世界的东方，保持着强大的生机与活力。

（四）顺应历史潮流，改革时弊，励精图治，推动社会进步

自先秦以来，中华民族在发展中既经历了一个个兴旺发达的辉煌时刻，也经历过衰落、危难和屈辱年代。每当中华民族面临危难和衰落之际，总有一批又一批爱国志士脱颖而出，或顺应历史潮流，改革时弊，或除旧布新，励精图治，推动社会进步。

例如，中国古代的商鞅、屈原、诸葛亮、曹操、范仲淹、王安石等均是爱国者。他们或对封建最高统治者直言进谏，或力排众议，实施有利于国计民生的政策，或奖励耕战，励精图治，或减轻人民负担，缓和社会矛盾，为人民群众谋福利。中国古代历史上的改革者受社会阶级的局限，改革目的大多是维护统治阶级的利益，但这些改革措施仍为促进社会经济发展、民族融合与发展以及保障政治稳定等做出了重要贡献。

三、古代爱国主义精神的分类

（一）深沉强烈的忠君爱国思想

古代爱国主义精神受数千年封建统治制度的影响，体现出深沉而强烈的忠君思想，并将忠君思想与爱国思想联结在一起。

在中国古代数千年来的封建君主专制中，封建君主将国家政权据为己有，在同一个封建王朝中，所有封建君主均来自同一个家族，王位在家族内部从一个成员传给另一个成员，世代相袭，形成了家天下的封建制度，将封建君主与国家牢牢捆绑在一起。封建君主代天行命，具有至高无上的权力。在封建制度的影响下，古代人们往往将君主视为国家的象征，将忠君与爱国联系在一起。因此，形成了中国古代深沉强烈的忠君爱国思想，并且将忠君爱国作为一种道德规范和价值追求。

例如，宋代爱国志士岳飞在抗击金朝对北宋的侵犯时表现得十分英勇，堪称抗金英雄。岳飞的爱国情感就是与忠君思想紧密联系在一起的。岳飞在抗金前线表现英勇，甚至存在取得更大胜利的机会，但面对当时的封建君主宋高宗的主和圣旨，不得不放弃追击敌人的大好时机，致使敌人得到喘息时机，留下千古遗恨。

古代爱国精神与忠君思想融为一体，在客观上有消极的一面，也有积极合理的一面。在封建君主专制时代，君主是封建王朝的代表与象征，忠君思想与爱国思想在一定意义上保持一致，尤其是封建王朝遭到外部敌人入侵时，忠君思想与爱国思想就会紧密联系在一起。

值得注意的是，封建君主专制中不辨是非的愚忠思想是与爱国主义精神背道而驰的思想。一味愚忠不但不是爱国，反而可能害国。

（二）勇敢无畏的牺牲精神

勇敢无畏的牺牲精神可以分为下面两类。

一是和平年代古代爱国主义勇敢无畏的牺牲精神。和平年代，古代爱国主义勇敢无畏的牺牲精神主要体现在对封建君主的犯颜直谏方面。封建时期人们认为君权神授，君主有代天牧民的权力和至高无上的地位。然而，历朝历代仍不乏为了维护国家利益或为民请愿而对君主犯颜直谏的臣子。例如，北宋范仲淹为人刚直不阿，敢于犯颜直谏。范仲淹在《上资政晏侍郎书》中，面对晏殊对其犯颜直谏行为的责怪，表明其政治立场："侍奉皇上当危言危行，绝不逊言逊行、阿谀奉承，有益于朝廷社稷之事，必定秉公直言，虽有杀身之祸也在所不惜。"[①] 范仲淹所倡导的"先天下之忧而忧，后天下之乐而乐""宁鸣而死，不默而生"等精神体现出其为国为民的高尚情怀与勇敢无畏的牺牲精神。

又如，明代正德年间，御史蒋钦为了揭露宦官刘瑾的恶行多次上书进谏，却屡次被刘瑾及其党羽迫害，然而蒋钦毫不屈服，直至被迫害致死。

再如，明代嘉靖年间，户部主事海瑞事先买好棺材，安排好后事，抱着必死的决心对皇帝犯颜直谏，体现了一片忠君忧民的热忱。

二是战争年代古代爱国主义勇敢无畏的牺牲精神。战争年代，面对外敌侵扰，国土分裂，古代将士浴血奋战，以勇敢无畏、视死如归的牺牲精神保卫乡土、保卫国家和本民族的利益，体现出了深沉的古代爱国主义情怀。

（三）以天下为己任的忧患意识

中华民族五千年的历史发展长河中形成了一整套处理人与人、君与民、家庭成员之间关系的道德准则。春秋战国时期，面对"礼崩乐坏"的混乱局面，一批关心时局、思想敏锐的思想家纷纷从现实出发，从不同角度提出了各种治理天下的主张。

例如，儒家先贤孔子即具有以天下为己任的忧患意识，他以救世、克己复礼为目的，提出实施仁政的济世主张。虽然孔子因其主张不符合春秋战国时局而一生困厄，政治主张不能实现，但是其开创了私人讲学之风，倡导仁义礼智信的儒学理论经过历朝历代儒家学者的补充，被不断丰富、升华，成为数千年来的经典理论。

又如，西汉司马迁因犯颜直谏触怒了汉武帝，被处以宫刑。面对这一屈辱，司马迁一度想要自杀，但由于"人固有一死，或重于泰山，或轻于鸿毛"[②]，为完成《史记》，他忍辱负重，最终写成被誉为"史家之绝唱，无韵之《离骚》"的中国第一部贯通上下三千年的通史。如果司马迁没有以天下

① 四川大学古籍整理研究所．全宋文：第9册[M]．成都：巴蜀书社，1990：658-659.

② 吴楚材，吴调侯．古文观止[M]．郭锐，注译．武汉：崇文书局，2020：88.

为己任的忧患意识，这部著作就没有面世的机会。

中国古代爱国主义精神中的忧患意识在和平年代体现得相对不那么明显，然而当封建王朝由盛转衰时，人们的忧患意识就会以各种方式凸显出来，体现出“天下兴亡，匹夫有责”的责任与担当精神。例如，杜甫、韩愈、范仲淹、欧阳修、司马光、程颢、程颐、陆游、辛弃疾、顾炎武、黄宗羲、龚自珍、魏源、林则徐等均怀有强烈的济世抚民的使命感和以天下为己任的担当意识。他们或愤世嫉俗，疾恶如仇，或直言进谏，讥评时政，或倡言改革，关心民瘼，或力救税政，身体力行，或著书讲学，以古鉴今……体现了强烈的爱国主义精神。

综上所述，古代爱国主义精神与近现代爱国主义精神、新时代爱国主义精神一脉相承，尽管受时代的局限，古代爱国主义精神存在“忠君”等封建意识，但其仍然是中华民族爱国主义精神根植的沃土。

第二节　新时代爱国主义精神的历史发展——近代爱国主义精神

从 16 世纪开始，西方殖民国家通过海外殖民和海外贸易迅速积累了资本主义发展初期需要的资本，在科技、文化、生产工具、经济制度、政治体制上赶超中国。尤其是工业革命后，西方资本主义国家发展迅速，中华民族虽然有着数千年辉煌灿烂的历史，但是中国明清时期一直坚持闭关锁国政策，对于西方的进步视而不见，沉浸在以往的“天朝上国”的美梦中，导致中国的发展远远落后于西方资本主义国家。

1840 年鸦片战争到 1949 年中华人民共和国成立前夕的历史是中国逐渐沦为半殖民地半封建社会的历史，也是中国人民追求国家独立和民族复兴的历史。中国近代史大体可以划分为两个阶段，即旧民主主义革命阶段和新民主主义革命阶段。

1840 年，鸦片战争爆发后，中国一步步沦为半殖民地半封建社会，富于爱国主义传统的中国人民奋起反抗和斗争。在这一过程中，古代爱国主义精神逐渐消退和终结，不再占据历史主导地位，中国近代爱国主义精神逐渐形成，并发展成时代主流。

一、近代旧民主主义时期爱国主义精神的形成及发展

中国近代旧民主主义时期爱国主义精神的发展大体经历了三个阶段（图1-2）。

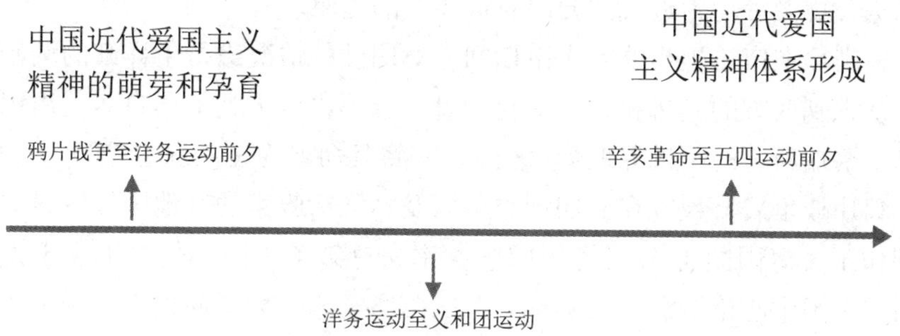

图 1-2　中国近代旧民主主义时期爱国主义精神的发展历程

（一）鸦片战争至洋务运动前夕：中国近代爱国主义精神的萌芽和孕育

鸦片战争后，中国沦为半殖民地半封建社会，面对西方殖民国家肆无忌惮的掠夺，中国有志之士纷纷崛起，高举古代爱国主义思想，从忠君爱国、忧国忧民的角度出发，针砭时弊，主张通过封建统治内部改革的方式振衰起敝，重现昔日“天朝上国”的雄风。许多晚清爱国将领和志士在抵抗西方殖民侵略者的战役中不惜以死报国，用壮烈殉国来激发民众斗志。晚清民众则自发组织起来，以大刀、长矛甚至钉耙、锄头等作为武器，打击入侵敌人，涌现出了许多可歌可泣的斗争事迹，如三元里乡民抗英斗争、江苏沿江乡民抗击进犯英军以及北方边疆人民自发抗击沙俄侵略战争等。然而，这些英勇、悲壮的古代爱国主义行为在晚清政府的腐朽统治以及经济和科技与西方殖民者相比极端落后的背景下，最终无一例外惨遭失败。

面对现实中古代爱国主义实践的惨败，近代爱国主义精神突破了古代爱国主义精神的桎梏，逐渐萌芽和孕育。

近代爱国主义精神的萌芽和孕育主要表现在以下几个方面。

1. 突破"天朝上国观"和"华夏中心论"，逐渐"开眼看世界"

数千年来，由于地理观的落后，人们始终相信"天圆地方""天覆地载"的古老传说，认为宇宙是固定不动的，中国是"万邦之首""天朝上国"，而中国周边国家均是"化外"的蛮夷之国。然而，随着鸦片战争的爆发，一些有识之士逐渐认识到西方近代科技文化具有较强的先进性，因此逐渐突破"天朝上国观"和"华夏中心论"等传统观念，开始"开眼看世界"。例如，林则徐、魏源等均为近代"开眼看世界"的先驱。

林则徐在广东担当钦差大臣期间，对国外的情况进行了详细的调研和了解，认识到西方的先进科技与文化的魅力，不再以天朝上国自居，组织人员翻译了慕瑞所著的《世界地理大全》，并将其命名为《四洲志》。

鸦片战争后，魏源在《四洲志》以及林则徐收集的其他国外资料的基础上创作了《海国图志》。《海国图志》率先打破了中国历代君王和士大夫认为的"中国中心论"和"天圆地方"的陈腐观念，力图向世人展现一个真实的世界环境，反映中国在世界中的真实地理位置、国土面积、实际地位。此外，《海国图志》还对世界各国的地理位置、历史沿革、政治、经济、文化、军事力量等进行了详细的对比，有利于国人打破旧观念，树立完整而正确的世界观。除了《海国图志》之外，其他有识之士纷纷通过翻译和参考国外地理著作以及出国实地考察的方式，撰写了一批介绍西方地理、科技等方面内容的书籍。例如，梁廷枏的《海国四说》、徐继畬的《瀛环志略》、何秋涛的《朔方备乘》、夏燮的《中西纪事》等。

近代有识之士在鸦片战争之后进行的翻译和著作实践，打破了古代爱国主义中盲目排外和封闭守旧的虚骄心理，为近代爱国主义的萌芽和诞生提供了科学前提。

2. 提出"师夷长技以制夷"的进步主张，向国外学习

中国古代传统爱国主义精神中蕴含着变法以适应时局和改革弊政的思想。然而，中国近代所面临的时代局势为"数千年未有之大变局"。晚清政府对内，统治腐朽不堪；对外，面对西方坚船利炮毫无还手之力。在这种时局之下，单纯依靠内部改革的老办法无法解决现实中的根本问题。以魏源为代表的一批爱国志士在理性分析中外国情之后，认识到西方殖民者的长处，提出了"师夷长技以制夷"的治国方略。

魏源在《海国图志》中率先提出了“师夷长技以制夷”的主张，倡导向西方国家学习，借助西方先进的技术和文化富国强兵，打败西方殖民者。魏源在编写《海国图志》的过程中，充分认识到中华民族和西方殖民国家均属于世界的一部分，在特定的历史阶段，西方殖民国家的殖民统治和中华民族的反抗之间存在着一种矛盾关系，两者之间是一种相互斗争和排斥的关系。两者之间的关系并不是绝对的，而是相对的。通过向西方殖民者学习，即“师夷”，可以增强中华民族的实力，从而从劣势转为优势，即达到“制夷”的目的。

“师夷长技以制夷”的主张符合时代要求，很快获得近代有识之士的广泛认同，成为推动晚清洋务运动等近代化运动发轫的起点，进一步推动了中国近代爱国主义的萌芽。

（二）洋务运动至义和团运动：中国近代爱国主义精神的形成与发展

第二次鸦片战争后，晚清政府的改革派和实干家在“师夷长技以制夷”思想的影响下，发起以自强和求富为目的的洋务运动，通过开办工业和学堂来学习和引进西方先进的科技文化。然而，由于缺乏明确的目标以及封建顽固势力的阻挠，洋务运动并未完成全面引进西方科学技术的任务。随着甲午战争的失败，洋务运动落下帷幕。

甲午战争失败后，晚清政府被迫与日本签订了《马关条约》。中日《马关条约》的签订引发了西方列强瓜分中国的狂潮，导致中国的国际地位一落千丈。甲午战争的失败使晚清朝野上下不得不面对日本崛起的事实，从而形成了“以日为师”的热潮。当时，康有为等提倡效仿日本明治维新以图自强，发起了维新运动，即戊戌变法。变法期间，光绪帝先后发布上百道变法诏令，除旧布新，内容涉及政府机构改革、企业改革、教育改革、军事改革、科举改革等多个方面。戊戌变法损害了封建官僚的利益，遭到了守旧派的强烈抵制与反对。1898 年 9 月 21 日，慈禧太后发动戊戌政变，变法失败。

清政府在甲午战争中的失败助长了西方列强瓜分中国的野心。因此，在甲午战争后，西方列强就掀起了新一轮瓜分中国的热潮。西方列强瓜分中国的行为和清政府的不作为引发了中国人民的极大愤怒和强烈反抗。山东一带活动的民间组织义和拳在民族危亡时刻树立了反抗外国列强侵略的目标，开展了反洋教、烧教堂、拆毁铁路等一系列活动，这种排外活动迅速波及整个山东。义和拳的这种排外情绪被清政府所纵容和利用，清政府通过对义和拳进行招安，将其纳入民团，称之为“义和团”。义和团提出了“扶清灭洋”的口号，在全国各地掀起反抗西方列强的运动。义和团的爱国主义斗争引起了西方列强的不满，西方列强以此为借口发起了八国联军侵华战争。1900年，清政府在与八国联军的战争中失败，战后被迫与西方列强签订了《辛丑条约》，中国自此彻底沦为半殖民地半封建社会。义和团运动随之宣布失败。

在19世纪中后期的一系列运动中，近代爱国主义精神逐渐形成并发展，主要表现在以下几个方面。

1. 在改革实践中发展近代爱国主义精神

19世纪60年代，洋务运动将“师夷长技以制夷”的思想落到实处，并在“师夷长技以制夷”的思想基础上提出了“中体西用”的理念，建立了中国第一批新式学堂，这些学堂有的是综合学校，有的是专门的军事学校、外语学校，以及电报、造船、陆军、海军、医学、钢铁等工农业学校。这些学校培养人才均以学习西方科技知识为主，极大地促进了近代中国在经济、教育、军事等领域的发展。

洋务运动后，戊戌变法在洋务派的基础上发展了“科教兴国”的理念，并逐渐形成了学术救国、教育救国、实业救国、人才救国等理念，极大地推动了中国近代教育制度和教育思想的发展。

在改革实践中，近代变革思想逐渐获得国人的认同，拥有了较为广泛的群众基础，极大地推动了近代爱国主义精神的发展。

2. 涌现出一批爱国主义代表人物

这一时期，甲午战争、义和团运动和维新运动中涌现出了一大批爱国主义志士，他们不畏强敌，不畏牺牲，敢于与国外敌对势力和国内腐朽统治进行斗争，谱写了可歌可泣的新篇章。例如，甲午海战中的邓世昌在“致远号”战舰受创后，勇敢地驾驶战舰，率领将士全速撞向日军的主力战舰，最终壮烈牺牲，为国捐躯。

戊戌变法失败后，谭嗣同与其他五位志士一同慷慨就义、英勇赴死。义和团运动中，无数普通百姓打出“灭洋”口号，彰显了我国近代人民反击帝国主义侵略的决心。

这些近代爱国主义志士的英勇行为，虽然在一定程度上体现了古代爱国主义精神中忠君爱国等特点，然而仍然推动了近代爱国主义精神的发展。

（三）辛亥革命至五四运动前夕：中国近代爱国主义精神体系的完成

清朝末年，随着各种社会矛盾不断激化，人民群众的反抗斗争此起彼伏，革命党人在全国各地发起种种起义，但都遭到了清朝的镇压。1911 年 10 月，新军工程第八营的革命党人打响了武昌起义的第一枪。革命党人迅速占领了武汉三镇并成立了湖北军政府，推荐黎元洪为都督，改国号为“中华民国”。武昌起义的胜利激发了全国各地的革命热情，不久，湖南、广东等十三个省纷纷宣布独立。1912 年 2 月 12 日，清朝末代皇帝溥仪退位，清朝灭亡。清朝灭亡标志着中国两千多年的君主专制统治的结束。

辛亥革命后，清帝退位，中国建立了北洋政府。然而，北洋政府仍然没有取得关税自主权。中国依然受帝国主义的经济掠夺。

这一时期，随着辛亥革命推翻晚清封建统治，建立君主立宪制国家，中国近代爱国主义精神基本形成。

1. 近代爱国主义主导群体的变化

近代爱国主义的主导群体大体可以划分为两种类型：一是主张实行君主立宪制的康梁维新党人和民族资产阶级代表，他们大多希望通过内部改良的方式实现救亡改良的目标；二是主张推翻清王朝、建立民主共和国的资产阶级革命党人，他们大多留学国外，有着丰富的阅历，并受到西方文化的启迪和熏陶，对世界有着清醒的认识，能够较为正确地理解乡土与国家、政权与人民群众之间的关系，是民主革命的主力。

2. 近代爱国主义体现出较强的时代特征

近代爱国主义体现出强烈的时代特征，反映出较强的民族主义。鸦片战争后，中国沦为半殖民地半封建社会。随着西方帝国主义对近代中国侵略的深入，中国半殖民地化逐渐深化，中国的民族主义意识也日益萌发。甲午战争后，西方帝国主义掀起瓜分中国的狂潮，保国、保种、保教的民族主义席卷神州，成为国人共同的信念。

综观中国近代史，中华民族的觉醒史就是一系列对外抗争的历史。辛亥革命后，随着近代爱国主义体系的形成，近代爱国主义精神成为支撑中华民族救亡图存的重要内在力量。在五四运动、抗日战争以及解放战争中，近代爱国主义精神得到进一步充实和升华。

二、近代新民主主义时期爱国主义精神的发展及特点

中国近代新民主主义时期开始于1919年的五四运动。五四运动是彻底的、不妥协的反帝反封建爱国运动，沉重地打击了帝国主义势力和封建势力，显示了中国人民的强大力量。近代新民主主义时期爱国主义精神是在近代旧民主主义时期爱国主义精神基础之上的升华，体现出一系列新特点。

（一）近代新民主主义时期爱国主义精神的发展历程

近代新民主主义时期爱国主义精神的发展分为三个阶段。

1.五四运动，寻求救国真理

鸦片战争后，中国从拥有独立主权的国家一步步沦为半殖民地半封建社会的国家，国家贫弱，社会战乱不断，人民饥寒交迫。面对积贫积弱的国家、苦难深重的中华民族，无数中华儿女为了救亡图存而艰难探索、勇敢斗争，在历史上留下了一个又一个可歌可泣的斗争故事。然而，由于缺乏科学的理论指导，中国旧式农民革命运动和资产阶级改良运动相继失败。辛亥革命虽然推翻了晚清封建统治，建立了资产阶级民主共和国。但是，不久民主共和国的成果即被袁世凯窃取，广大人民仍然生活在水深火热之中。近代救亡图存的任务尚未完成。

20世纪初期，随着新生的资本主义国家（如美国、日本等国家）的崛起，这些国家与英国、法国等老牌帝国主义国家之间的矛盾越来越激化。新兴的帝国主义国家纷纷要求重新瓜分世界，西方帝国主义国家之间的矛盾空前激化并最终引发了1914—1918年的第一次世界大战。

1919年，中国作为第一次世界大战中的战胜国，参加了巴黎和会并提出了改革中国关税制度和恢复中国关税自主权的呼吁，然而西方帝国主义国家为了确保其在中国的既得利益，拒绝了这一合理要求。中国代表团在巴黎和会上外交失败的消息传到国内后，引发了中国民族主义的高涨。1919年5月4日，北京十几所学校的数千名青年学生走上街头，高呼“还我青岛，保

我主权”“取消二十一条”“外争国权，内除国贼”等口号，发起爱国运动，史称五四运动。随后，五四运动演变为工人阶级、小资产阶级、民族资产阶级和其他爱国人士广泛参加的、声势浩大的反帝爱国运动。

五四运动是中华儿女近代爱国主义斗争的延续和发展，为近代爱国主义的进一步升华奠定了重要基础。

2. 抗日战争，争取民族独立

五四运动推动了中华民族近代爱国主义精神的萌芽，虽然最终没有使中国摆脱帝国主义的魔掌，但是极大地促进了中国的思想解放，对数千年的封建旧礼教、旧道德、旧思想、旧文化进行了猛烈冲击，为新思想和新文化在中国的广泛传播开辟了道路。

早在 1917 年，俄国十月革命的胜利就引起了正在寻求救国之道的爱国志士的注意。在五四运动期间，李大钊在《法俄革命之比较观》《我的马克思主义观》等文章中详细介绍了马克思主义唯物史观等基本原理。除李大钊外，李达在这一时期也对《社会问题总览》《唯物史观解说》《马克思主义经济学说》等马克思主义经典著作进行了翻译。这些文章和著作较为系统地阐释了马克思主义学说，促进了马克思主义在中国的传播。

李大钊等青年知识分子在传播马克思主义思想之外，还积极用马克思主义来指导中国工人运动，探索马克思主义在中国的实践道路，为以马克思主义为理论指导、以中国工人阶级为阶级基础的中国共产党的诞生奠定了重要基础。

1921 年，中国共产党正式成立，在马克思主义思想指导下带领中国人民积极探索救亡图存的中国道路，这一过程推动了近代爱国主义精神的发展。

1931 年九一八事变后，日本帝国主义开始逐步蚕食中国领土。1937 年七七事变的爆发标志着日本帝国主义发动了旨在灭亡中国的侵华战争，中华民族面临“亡国灭种”的威胁。面对民族危机，中国共产党带领中国人民建立了最广泛的抗日统一战线，进入全面抗战时期。在全面抗日战争中，近代爱国主义进一步升华，被赋予“抗日救亡，争取民族独立”的新的内涵和表现形式。全面抗日期间，无数中华儿女抛头颅，洒热血，用生命和热血谱写了一曲又一曲捍卫民族独立和人民尊严的爱国主义壮歌，推动了爱国主义情结的发展。

3. 解放战争，开创社会主义道路

抗日战争胜利后，压在中国人民头上的帝国主义、封建主义和官僚资本主义“三座大山”仍然存在。为了彻底推翻反动统治，建立人民当家做主的国家，中国共产党领导人民进行了解放战争，并最终成立了中华人民共和国，建立了人民真正当家做主的新政权。

在解放战争中，中华儿女进一步发扬勇于斗争、不怕牺牲的精神，推动了近代爱国主义的进一步发展和升华。

综上所述，近代爱国主义精神是在中华儿女救亡图存、积极探索国富民强的道路的过程中逐渐形成的。近代爱国主义精神贯穿于近代旧民主主义革命和新民主主义革命之中，为中华民族近代的斗争与发展注入了强大的精神动力，推动着中国人民一步步走向胜利。

（二）近代爱国主义精神的特点

近代新民主主义爱国主义精神主要有以下四个方面的特点（图 1–3）。

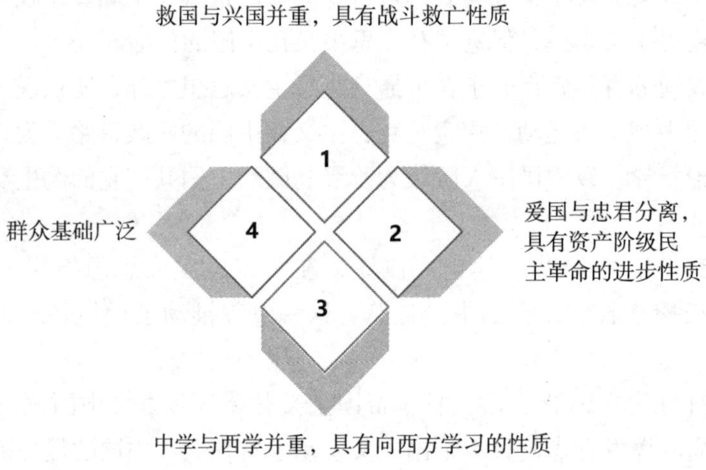

图 1–3　近代新民主主义爱国主义精神的特点

1. 救国与兴国并重，突出战斗救亡的性质

近代爱国主义精神诞生于鸦片战争后极其独特的时代。鸦片战争后，中国社会产生了巨大变化，主要表现在两方面：一方面，西方列强对中国进行

大规模侵略，导致中国主权不断丧失，由主权独立的国家沦为半殖民地半封建的国家；另一方面，随着西方资本主义传入中国，中国的资本主义兴起并快速发展。西方资本主义国家侵略中国并不是为了帮助中国从封建社会向资本主义社会发展，而是企图将中国变为西方资本主义国家的殖民地。由于中国独特的历史国情，中国并未如同西方一样，直接从封建社会走向资本主义社会，而是沦为半殖民地半封建社会。在这一前提下，中国开始从传统农业社会向现代工商文明社会转变。

中国的近代史是中华民族受压迫、受剥削和受屈辱的苦难史，也是中华民族不断反压迫、反剥削和反屈辱的历史。鸦片战争后，长期沉迷于“天朝上国”迷梦中的中华儿女开始觉醒，通过“开眼看世界”，了解到中华民族所面临的真实的国际处境，在残酷的现实中认识到落后就要挨打，只有从根本上改变中国积贫积弱的面貌，才能扭转被动挨打的局面。因此，近代中华儿女形成了要救国必须先兴国，只有兴国才能救国的共识，在救国的同时，实践兴国理念，使近代中国爱国主义精神呈现出了救国与兴国并重的特点。

近代中华民族在救亡图存的过程中，为了抵抗西方侵略者，反抗封建压迫和官僚压榨，进行了多次武装战斗，如鸦片战争、第二次鸦片战争、中法战争、中日甲午战争、清政府与八国联军的战争、义和团运动、辛亥革命、抗日战争、解放战争等，突出体现了近代爱国主义精神的战斗救亡性质。

2. 爱国与忠君分离，具有资产阶级民主革命的进步性质

古代爱国主义精神建立在封建君主制的基础之上、家国同构的概念之下，爱国与忠君紧密相连，忠君成为衡量一个人是否爱国的基本标准。而近代人民在寻求救亡图存和兴国的道路的过程中开始对君主专制主义进行反思和批判，坚持主权独立、国家平等的理念，重新定位中国与其他国家的国际关系。

近代中华民族在面对西方殖民帝国侵略，实现“救亡图存”的现实斗争中，迫切需要打造各民族平等、团结且具有凝聚力和战斗力的民族，建设符合各民族人民共同心愿、倡导各民族平等协作的国家。这使中华儿女在进行救亡图存实践中对封建民族歧视和民族压迫行为的历史危害进行了反思。然而，晚清由于政治腐败、积重难返，无法实现这一民族期待。辛亥革命推翻晚清王朝后，倡导民族平等和民族团结，更易获得各族人民的认同。

辛亥革命前后，中国有识之士纷纷对封建专制主义制度进行批判，倡导西方的民权思想和民主共和理念，使民主共和理念深入人心。辛亥革命是由资产阶级率领的具有民主革命性质的斗争，在这次斗争中，资产阶级以暴力推翻了清王朝的封建专制主义统治，建立了民主共和国。尽管不久后袁世凯篡夺了辛亥革命的胜利成果，导致民主共和国在近代中国形同虚设，但是资产阶级民主共和国的建立使民主共和理念深入人心。中国共产党在倡导民族平等和民族团结的基础上，带领中国人民推翻了帝国主义、封建主义、官僚资本主义，建立了人民民主专政的人民共和国，真正实现了人民当家做主的目标。

综上所述，在某种意义上，近代中华民族救亡图存的历程也是爱国和忠君相分离的过程。随着近代地理大发现和科技的发展，传统封建社会的“天朝上国”“华夏中心”等迂腐观念被破除，近代主权意识觉醒，中华儿女在实现民族独立解放、抵御西方列强侵略、追求民族平等团结和创建民主共和的过程中，逐渐确立了将爱国和忠君相分离的近代爱国主义精神。此外，近代爱国主义精神还体现出资产阶级民主革命的进步性质。

3. 中学与西学并重，具有向西方学习的性质

鸦片战争后，中国较早觉醒的有识之士（如林则徐、魏源等人）意识到西方科技的进步，提出了“师夷长技以制夷”的口号。这一口号成为近代中华民族探索救亡之路的重要指导方针。无数中华儿女通过教育、翻译等方式将西方先进的科学知识、政治制度等介绍到中国，并以此指导近代中国的发展。

洋务运动、戊戌变法、辛亥革命等近代中国历史上的重要运动的背后均离不开中华儿女对西方学说的实践。五四运动中提出了民主与科学的核心价值理念，并以此为旗帜，对中国传统文化的心理结构进行改造。

除了对西方学说的借鉴之外，近代中华儿女还对如何继承中国传统文化进行了深入思考和实践，在各种救亡实践中逐渐形成了中西文化融合的发展趋势。

近代中华儿女对中西方文化的探索、融合使近代爱国主义精神呈现出中学与西学并重的特点。

4. 群众基础广泛

近代以来，面对“数千年未有之大变局”，中华儿女纷纷从不同角度进行爱国理论探索和爱国实践活动。鸦片战争后，面对西方侵略者的坚船利炮，晚清政府的官僚地主阶级进行了洋务运动、戊戌变法，旨在通过封建社会内部改革的方式探索救亡图存的道路。普通群众则通过三元里抗英斗争、义和团运动等自发抵抗西方列强的侵略。

资产阶级通过学习西方的民主政体探索救国之道，通过辛亥革命推翻了清王朝的封建统治。然而，辛亥革命具有一定的不彻底性，并未完全消除封建势力、官僚势力和西方帝国主义势力对中国的压迫。

中国共产党成立后，团结工人、农民、学生、知识分子等各群体和各民族，共同抵抗日本帝国主义侵略者的侵略和压迫，推翻“三座大山”，团结一切可以团结的力量，建立了广泛的革命战线，最终建立了中华人民共和国，实现了救亡图存的目标。在这一过程中，近代爱国主义精神有了广泛的群众基础。

第三节　新时代爱国主义精神的历史升华——现代爱国主义

中华人民共和国成立后，中国人民在中国共产党的领导下，以大无畏的勇气、卓越的智慧和辛勤的汗水，在现代爱国主义精神的激励下，积极探索建设社会主义国家的道路，取得了一系列丰硕的成果。本节主要对现代爱国主义精神的发展历程和特点进行详细分析和阐释。

一、现代爱国主义精神的发展历程

爱国主义的发展历程是动态的，具有较强的时代性。现代爱国主义精神的发展主要经历了两个阶段。

中华人民共和国成立后，中国社会的主要矛盾和时代任务发生了根本性改变。中华人民共和国成立后，中华儿女虽然实现了救亡图存的目标，但是国内生产力与西方国家相比，相对落后，人民生活水平较低，新生的社会主义国家在逐步探索社会主义建设道路。这一时期，现代爱国主义精神的主题主要表现为巩固新生的人民政权，确保胜利成果。

中华人民共和国成立后，中国共产党带领人民群众实现了由新民主主义革命向社会主义革命的转变。经过对农业、手工业、资本主义工商业的改造，实现了社会主义改造。社会主义改造完成后，中国国内的基本矛盾变成人民对于经济文化迅速发展的需要同当前经济文化不能满足人民需要的状况之间的矛盾。这一时期，抗美援朝精神、大寨精神、大庆精神、铁人精神、雷锋精神等成为激励中华儿女不断奋斗、勇往直前的爱国主义精神的代表。

改革开放后，我国确立了以经济建设为中心的发展道路，中国人民在党和政府的带领下开始进行社会主义现代化建设，全面建设小康社会，将中华民族伟大复兴的宏伟蓝图一步步变成现实。改革开放以来的中国特色社会主义建设实践赋予了爱国主义新的内涵，对爱国主义提出了新的要求。

改革开放赋予了爱国主义更加宽广的视野和包容的心态，中国人民通过坚持对外开放，不断学习世界各国、各民族的优点和长处，积极引进国外先进的科学技术和经营管理经验，不断增强中国人民独立自主、自力更生的能力，推动中国特色社会主义不断向前发展。

改革开放以来，随着经济全球化的深入发展，世界市场形成，跨国公司发展迅速，在一定程度上使国民的国家意识发生了淡化，消解了国民的民族身份、文化和政治认同，对我国的各方面发展产生了不同程度的影响。因此，在中国特色社会主义发展中必须高举爱国主义旗帜，奏响集体主义和社会主义的主旋律，坚守马克思主义在意识形态领域的主导地位，树立公民强烈的民族自尊心、自豪感以及使命感，自觉保障国家的政治、经济和文化安全，这是爱国主义的新内涵。

改革开放以来，中国特色社会主义发展中不可避免地遇到各种各样的发展难题，而爱国主义是战胜一切前进道路上障碍的法宝。改革开放以来，中华儿女在特色社会主义建设中锻造和展现出来的抗洪精神、载人航天精神、抗震救灾精神、奥运精神等是现代爱国主义精神的写照。

二、现代爱国主义精神的特点

现代爱国主义精神具有以下新特点。

（一）自力更生，艰苦奋斗

中华人民共和国成立后，所面对的是一个长年遭受战乱荼毒，长期受封建主义、帝国主义和官僚主义压迫的满目疮痍、一穷二白的中国。

从国内环境看，国内政权不稳，市场混乱，面临着百废待兴的局面；从国际环境看，西方资本主义国家为了防止新生的中国政权发展壮大，长期对我国实施经济封锁、军事包围和战争挑衅。

面对这样的国际国内环境，中国人民在中国共产党的带领下充分发扬自力更生、艰苦奋斗的精神，以高度的爱国主义热情和崇高的责任感、冲天干劲，通过社会主义改造，确立了社会主义基本制度。中国人民凭借着自力更生、艰苦奋斗的精神创造了一个又一个奇迹，推动了中国经济、文化等各项事业快速发展。

以我国“两弹一星”的研发为例。20世纪中期，为了加强国防力量，尽快打破帝国主义的封锁、包围，实现长治久安、富强昌盛的目标，党中央和国务院做出了独立自主、自力更生，发展国防尖端技术的重要决策。这一决策得到了广大科研工作者、工人、干部和解放军指战员的一致拥护。在“两弹一星”工程的起步阶段，我国各项建设工作尚处于起步阶段，经济相对落后，工业基础薄弱，物资严重匮乏。为了尽快研发出中国自己的导弹，我国科研工作者充分发扬独立自主、艰苦奋斗的精神，组成了一支特别能吃苦、特别能战斗的队伍。他们克服一切困难，脚踏实地，通过一步步研究、查证，解决了“两弹一星”研制路上的一个个难题，成功研发出了“两弹一星”。

例如，原子弹作为核武器，与其他武器研究不同，不能依靠在战场上的缴获进行拆卸研究，只能依靠科研工作者大胆的想象和科学的推断。1960年4月，我国原子能研究所成立了以邓稼先为带头人的原子弹理论设计研究组。当时，我国没有条件先进的实验室，不能在实验室中进行逼真的原子爆炸模拟，只能通过最为原始的方式进行大量的数据计算。邓稼先等人克服一切困难，自力更生，艰苦奋斗，没有综合计算机，就使用手摇计算机进行计算。为了确保数据的准确性，他们在大张纸上画上表格，然后通过一步步的计算将纸上的表格填满，使用这种原始的计算方式来核实原子弹理论设计中的一个个数据，论证一个个难题。大量的人工计算不但烦琐，而且缓慢，为了在短时间内获得原子弹的一个个关键数据，以邓稼先为代表的科研工作者常常夜以继日地工作。然而，最终的计算结果与苏联专家给出的数据大相径庭。为了核实数据，很快他们又开始第二次计算、第三次计算、第四次计算、第五次计算、第六次计算、第七次计算、第八次计算、第九次计算，并在这一过程中对计算途径进行改进。直到在苏联留学的科学家周光召回国，才终于证实了邓稼先等人的正确性。之后，数学家周毓麟等人利用当时国内最先进的104电子计算机进行了模拟计算，所得出的结论与邓稼先等人的计算结果基本一致。这一事件即我国原子弹研制史上著名的“九次计算”事件。

正是凭着中国科研工作者这种自力更生、艰苦奋斗的精神，中国才能在短时间内相继自行研发出导弹、原子弹、氢弹和人造卫星，从而极大地推动了我国国防科技力量的发展，为我国独立掌握国防尖端技术奠定了坚实的基础。

（二）坚持武装斗争，捍卫国家主权

中华人民共和国成立后，遭遇了西方资本主义国家的重重政治、经济、文化封锁。面对西方资本主义国家的政治封锁，中国人民一方面大力研发高科技武器，增强军事力量，另一方面通过武装斗争的方式取得了抗美援朝等战争的胜利，冲破了帝国主义的封锁和制裁，并进一步通过改革开放的伟大社会实践营造了开放、健康的多边国际关系，为中华民族构建了良好的国际发展环境。

抗美援朝战争是社会主义建设时期中国人民坚持武装斗争、捍卫国家主权的重要战争，也是现代爱国主义精神的重要表现之一。

1950年6月25日，朝鲜爆发内部战争，美国杜鲁门政府趁机派军队入驻朝鲜半岛，对朝鲜内部战争横加干涉，发动对朝鲜的全面战争。与此同时，美国将战火烧到中国境内，对我国东北边境进行轰炸，意图派军队进入我国境内，彰显出了牵制社会主义国家发展、控制亚洲的政治野心，对新生的中国人民政权造成了极大威胁。

在危急关头，中国政府应朝鲜党和政府的请求，毅然决然地做出了抗美援朝、保家卫国的重大历史决策，承担起了维护和平的历史职责和使命。1950年10月19日，中国人民志愿军开赴朝鲜战场，与朝鲜人民紧密配合，共同抗击美帝国主义侵略者，史称抗美援朝战争。

抗美援朝战争是第二次世界大战结束后的第一场大规模的国际性局部战争，在这场战争中，中国人民志愿军和朝鲜军民的武器力量同美国军队的武器力量形成了鲜明对比。从双方的武器装备水平看，美国军队所使用的武器均为当时世界上最先进的武器，海陆空部队齐全，地面部队全部机械化，而中国人民志愿军的武器装备水平极为落后，军队构成大多为步兵，只有少量炮兵，后期才有少量空军参战，所用武器大部分为步枪，只有少量大炮等武器。从双方的战场形势看，在战争初始阶段，美国军队掌握着战场的制空权和制海权，而中国人民志愿军在战场上处于劣势地位。在这种武装力量对比悬殊、战场形势严峻的情况下，中国人民志愿军不畏惧、不退缩，在恶劣的局势下，与朝鲜人民并肩作战，用鲜血和生命一点点扭转战局，顽强地与敌人血战到底，最终赢得了抗美援朝战争的胜利。

抗美援朝战争中人民志愿军维护正义、反对强权、不畏牺牲，各阶层人民增加生产、厉行节约、捐款捐物，共同谱写了一篇篇爱国主义和革命英雄主义的壮丽史诗，体现出了现代爱国主义精神中坚持武装斗争、捍卫国家主权的特点。

（三）坚持独立自主，改革开放

中华人民共和国成立后，揭开了中华民族发展的新篇章，有力地打击了帝国主义殖民体系，壮大了世界和平民主和社会主义阵营的力量。为了维护得之不易的胜利成果，中华人民共和国在成立初期就确定了独立自主的外交政策。

20 世纪 70 年代，世界政治、经济局势产生了较大变革，国际形势较之前趋于缓和，各国纷纷将主要精力放在发展经济和改善民生方面，和平与发展成为国际社会的主流趋势。20 世纪 70 年代末，我国抓住有利的战略时机，确立了改革开放政策，开启了改革开放的历史新时期。改革开放是中国人民探索独立自主建设社会主义的伟大实践。改革开放以来，我国在经济、文化、外交等方面取得了一系列成就。

从经济方面看，改革开放后，我国经济在短时间内实现了历史性的飞跃。我国不仅改变了长期贫困落后的面貌，还迅速成为世界第二大经济体和世界上最具增长潜力与活力的经济体。

从人民的生活水平看，改革开放后，社会经济的发展迅速，人民的生活水平获得了较大提高。改革开放后，我国居民人均可支配收入呈现出显著持续增长的趋势。这为人们生活质量的提高奠定了经济基础。随着我国经济的快速发展、社会生产力水平的不断提升，我国人民消费结构日益多元化，他们可以根据自己的需要自由选择和安排各项生活消费项目，极大地丰富了人民的物质生活和精神文化生活。

从综合国力看，中华人民共和国成立初期，我国经济实力与综合国力相对较弱，国际处境艰难。在 20 世纪五六十年代我国“两弹一星”成功发射、20 世纪 70 年代恢复联合国合法席位后，我国的国际地位得到了较大提高。改革开放后，随着我国经济的迅速发展，我国综合国力和国际影响力明显提高，国家形象得到极大改善。2001 年，我国加入世界贸易组织，积极参与并推进经济全球化进程，致力构建公正合理的国际政治经济新秩序。除此之外，我国还积极参与国际生态问题、对外援助等全球性事务，积极承担国际责任。随着参与国际重大事务和地区性事务的程度越来越深，我国逐渐走近世界舞台的中央。

改革开放是中华儿女在中华人民共和国成立后实行的最重要的社会实践活动，该社会实践中蕴含着深厚的现代爱国主义精神，体现了现代爱国主义精神的特点。

第二章

新时代爱国主义精神产生的背景与依据

经过长期努力，中国特色社会主义进入了新时代，这是我国发展新的历史方位。

——党的十九大报告

第一节　新时代爱国主义精神产生的背景

中华人民共和国成立后，中国进入社会主义建设时期，经过数十年发展，中国特色社会主义建设已取得了初步成果。2017年，党的十九大报告中指出："经过长期努力，中国特色社会主义进入了新时代，这是我国发展新的历史方位。"爱国主义精神在新时代被赋予新的内涵和特点，在推动新时代社会发展中起着十分重要的作用。新时代爱国主义精神是在特定的社会背景与历史条件下，通过吸收、借鉴传统爱国主义思想及其他思想理论逐渐形成、发展起来的。本节主要对新时代爱国主义精神产生的背景进行详细阐释。

一、新时代爱国主义精神产生的国际背景

新时代爱国主义精神是在复杂的国际背景下产生的。20世纪末21世纪初期以来，随着经济全球化的深入发展、科学技术的日新月异，世界各国的政治、经济、文化等方面的交往日益密切和频繁，新时代爱国主义精神的产生和发展不可避免地受到国际环境的影响。

（一）复杂多变的世界环境以及多极化世界格局的影响

进入21世纪以来，随着生产力的快速发展，世界进入大发展、大变革和大调整时期，世界多极化、社会信息化、文化多样化深入发展，为世界带来了许多不稳定和不确定性因素，使人类社会面临着许多共同的挑战。

1. 国际关系的挑战

从国际关系视角看，世界多极化趋势不可阻挡。近年来，随着世界多极化趋势日益加强，世界大国之间的关系重组空前复杂，国际矛盾和斗争异常尖锐，国际力量对比发生了较大变化。

国际环境的复杂化使各国的国际关系面临着巨大考验。中国作为发展中国家的代表迅速崛起，经济始终保持中高速增长，国内生产总值稳居世界第

二位，在推动世界经济复苏中起着十分重要的作用。复杂多变的世界环境和多极化世界格局的发展使中国经济、文化、外交等方面面临着严峻的挑战。

2. 世界安全的挑战

从世界安全视角看，人类社会面临着诸多非传统安全问题。进入 21 世纪以来，人类社会面临着信息技术安全、生态环境安全、贫富差距不断扩大、经济动能增长不足、恐怖主义、疾病防疫等诸多方面的挑战。这些挑战无一不对人类的集体智慧进行着考验。

以生态环境安全为例。生态环境是人类生产和生活的物质基础，是人类一切活动的载体。工业革命以来，人类社会在短短数百年间创造了人类有史以来最为辉煌的物质文明。然而，现代工业文明的创造以破坏自然环境为代价，并由此产生了一系列全球生态环境问题。

20 世纪中期以来，人类逐渐认识到生态环境破坏给人类自身安全带来的一系列问题，开始越来越重视生态环境安全。生态环境安全是关系每一个国家和民族生存与发展的全球性重大问题。

进入 21 世纪以来，生态安全问题日益突出，包括全球气候变暖、臭氧层破坏、酸雨增加、水污染严重、土壤损失与退化、森林面积锐减、物种多样性减少、核污染问题、固体废物处理等。生态环境安全不仅直接对人类的生存环境产生威胁，还会引发一系列国际冲突，影响国际安全。这就需要每一个国家和民族行动起来，共同保护生态环境。

另外，疾病防疫也是近年来威胁世界安全的重要问题之一。人类的发展史也是人类同疾病的搏斗史。20 世纪以来，人类社会的健康状况获得了较大改善。世界各国在水源清洁和卫生设施方面都加大投入，早期造成死亡和伤痛的疾病现在通过疫苗与药物几乎都可以治愈。然而，传染病仍对人类社会的安全产生着严重威胁。

进入 21 世纪以来，人类社会已遭遇重症急性呼吸综合征（SARS）、埃博拉病毒、中东呼吸综合征、禽流感、猪流感、霍乱、寨卡病毒、鼠疫、新型冠状病毒肺炎（Corona Virus Disease 2019，COVID-19）等传染性疾病。其中，新型冠状病毒肺炎自 2019 年发现以来，一直在全球蔓延，对区域及全球的经济发展、安全和社会稳定造成了较大影响，对人类的生命安全产生了巨大威胁。

复杂多变的国际局势对各国的爱国主义内涵产生了较大影响。在全球经济一体化趋势深入发展的今天，如果各国的爱国主义仍旧停留在狭隘层面，势必会因本国家或本民族的利益而影响国际合作，引发更大的国际纷争，甚至破坏世界和平稳定的良好局面。

从这一视角看，复杂多变的世界环境和多极化世界格局对新时代爱国主义精神的形成和发展起着十分重要的作用。

（二）经济全球化的深入发展对传统爱国主义观念的冲击

经济全球化时代的来临对传统爱国主义观念产生了十分复杂的影响。

1.经济全球化对各国爱国主义政治基础的冲击

经济全球化打破了传统地理意义上的国家界限，使人口问题、资源问题、犯罪问题等全球问题日益凸显。为了应对一系列具有全球性质的问题，世界各国必须通力合作。这就使具有独立自主权的国家在处理某些全球性问题时不得不考虑将国家的部分职能分享给超越国界的国际组织，在这一过程中，爱国主义精神必然受到一定冲击。

2.经济全球化对各国爱国主义文化基础的冲击

经济全球化的发展对世界文化产生了较大冲击。一方面，发达国家在经济全球化进程中起着主导作用，其文化借助经济全球化迅速传播至世界各个角落，对发展中国家的传统文化产生较大冲击；另一方面，发展中国家尤其是第三世界国家在经济全球化发展中存在“失声”和“失语”现象。即便这些国家有意识保护本国家和本民族的文化，也难免受到西方文化的冲击。

民族文化是爱国主义精神的孕育和发展的根基，对爱国主义精神的影响更为深远。如果失去了本民族文化，爱国主义精神自然也不复存在。从这一视角看，经济全球化对各国爱国主义的文化基础产生的冲击直接影响着各国爱国主义精神的存亡和发展。

3.经济全球化对人类的国家身份和归属感的冲击

随着经济全球化的深入发展，跨国学习、工作、生活的现象越来越普遍。跨国人群为了更好地融入不同国家，不得不放弃原有国籍，加入其他国籍，或拥有双重甚至多重国籍。这种现象在一定程度上造成了人们国籍意识淡漠，对传统爱国主义产生了冲击。

综上所述，经济全球化对爱国主义精神产生着巨大冲击与削弱。我国作为发展中国家，应客观、理性地看待经济全球化发展带来的机遇和挑战，在参与经济全球化的过程中，既要保持爱国主义精神传统，又必须直面时代背景的影响，在抵制经济全球化对爱国主义精神冲击的同时，赋予新时代爱国主义精神新的内涵。

（三）西方国家意识形态渗透的影响

自中华人民共和国成立以来，西方国家从未放弃对我国的意识形态渗透。进入 21 世纪以来，西方意识形态渗透的意图越来越明确，方式越来越隐蔽。

西方国家对我国的意识形态渗透表现在对马克思主义的指导地位进行冲击，对我国实行“西化”“分化”的政治图谋，以及歪曲社会主义核心价值观，消解中国特色社会主义文化等方面。西方国家对我国的渗透意图被包裹在以先进技术作为支撑的“文化输出”方面。例如，美化西方意识形态的影视剧等。

在中国大力发展特色社会主义，实现中华民族的伟大复兴道路上，只有加强对西方国家意识形态渗透的抑制，将西方意识形态渗透的影响降到最低，才能确保我国意识形态的独立、安全。面对西方国家意识形态渗透的新特点和新方式，我国必须提升人民群众对国家文化的认同感，增强中国特色社会主义文化的吸引力和凝聚力，使人民群众在面对眼花缭乱的西方文化输出时擦亮双眼，以免落入西方意识形态渗透的圈套。新时代爱国主义精神的研究和弘扬有助于激发人们的爱国主义情感，提升人们的文化认同感和文化自信，更好地抵御西方国家意识形态的渗透。

二、新时代爱国主义精神产生的国内背景

除了国际背景之外，新时代爱国主义精神的形成还离不开独特的国内背景。

（一）改革开放40多年来取得了一系列重大成就

改革开放40多年来，中国经济、文化等方面取得了一系列重大成就，在客观上极大地增强了中国人民的民族自信心和自豪感。

1.经济实力和生产力水平大幅上升

改革开放40多年来，我国经济建设取得了举世瞩目的伟大成就，形成了结构完整、布局相对合理、传统产业与高精尖产业协同发展的经济格局。中国人均收入、经济总量等均保持持续增长。

改革开放以来，中国的产业结构经过不断调整，日趋合理；人均收入水平和消费水平持续增长，城乡区域差距逐渐缩小，失业率保持在较低水平。《中华人民共和国2020年国民经济和社会发展统计公报》显示：2020年，中国是全球主要经济体中唯一实现经济正增长的国家。① 2020年，在新冠肺炎疫情的肆虐下，我国的脱贫攻坚战取得了全面胜利。当前，人民正在朝着更加美好的生活迈进。

2.国防科技力量持续增长

国防科技力量是一个国家提升国防建设能力的主要支撑。国防科技力量的强弱直接关系到国家领土是否安全。中国近代史上，中国由于国防科技落后而受到了西方帝国主义侵略，一度使中华民族面临亡国灭种的危险。中华人民共和国成立以来，我国十分重视国防建设，大力发展国防科技力量。

改革开放以来，中国的国防科技力量持续增长，取得了较大成就。当前，我国已建立起包括电子、船舶、兵器、航空、航天和核能等门类齐全、综合配套的科研实验生产体系，取得了一大批具有国内或国际先进水平的科研成果。

3.文化软实力持续提升

文化是一个国家不可或缺的核心软实力，也是一个国家的民族之根和国家之魂。如果一个国家没有独立的文化，这个国家在政治和经济上再强大也不能长久。只有形成独立的文化，才能为国家屹立于世界民族之林奠定

---

① 国家统计局．中华人民共和国2020年国民经济和社会发展统计公报[J].中国统计，2021(3)：10-24.

基础。

当今世界各国综合国力的竞争日益激烈，这些竞争不仅包括政治、经济、军事、科技等硬实力的竞争，还包括以文化为核心的软实力的竞争。尤其是近年来，随着世界整体经济发展速度放缓，文化软实力在世界综合国力竞争中的作用日益凸显。

改革开放以来，随着中国经济、科技的迅速发展，中国的综合实力日益增强，越来越重视文化产业的发展。当前，文化产业已成为我国国民经济新的增长点，对推动我国经济发展方式的转变，促进我国经济结构调整升级，提升我国文化软实力起着重要作用。

（二）国家治理体系的现代化水平显著提高

党的十八大以来，我国国家治理体系和治理能力的现代化水平显著提升，取得了一系列成果。

1. 国家治理观念现代化

一个国家的执政者若想提升国家治理效果必须选择先进的治理观念，并以该治理观念为指导制定相应的治理政策。除此之外，一个国家的治理观念还与本国的历史文化紧密相连。

中国自古以来就确立了“天下为公”的国家治理思想，经过数千年的国家治理实践，积累了大量实践经验。

党的十九大报告中指出：“不断满足人民日益增长的美好生活需要，不断促进社会公平正义，形成有效的社会治理、良好的社会秩序。”其中所蕴含的“公平正义”的价值观也是中国国家治理观念的重要组成部分，体现出了中国国家治理观念的现代化。

2. 国家治理体系现代化

国家治理体系的现代化水平与国家治理主体、治理过程和治理制度息息相关。

21 世纪以来，我国已初步形成政府机构、社会组织、公民个人共同参与的多元主体治理模式。这种现代化的国家治理体系的形成扩大了社会组织和普通公民参与社会公共事务管理的参与空间，极大地调动了公民参与国家治理的积极性。

国家治理体系的现代化构建离不开国家治理政策的出台和落实。近年来，随着我国各项立法措施不断完善，我国现代化国家治理过程更加规范、严谨、有效，为推动我国社会稳定发展做出了重要贡献。

现代化国家治理是一项内容丰富、结构复杂的系统工程，不仅需要制定具体的制度作为治理工作开展的法律依据，还需要国家治理主体从宏观层面进行制度上的统筹协调。进入新时代后，随着我国党和政府执政能力的不断提升，我国国家治理主体趋于多元化，众多公民和社会团体组织纷纷通过各种途径参与到国家治理实践之中，实现国家、社会和个人三者之间的协调互动。而公众参与国家治理的过程背后离不开治理制度的出台和规范。

3. 国家治理能力现代化

2017 年，党的十九大提出了国家治理现代化的两个重要历史节点：2035 年，基本实现国家治理体系和治理能力现代化；2050 年，成为综合国力领先的强国。

进入新时代以来，我国已初步建立起高效权威的决策体系；大力落实国家法律法规，极大地提升了我国执政党和执政政府的公信力；我国各级各类社会组织的自组织能力不断提升，有效地为社会公民参与政府各类决策创造了机会和条件。随着以上几个方面的落实，我国国家治理能力现代化不断得到提升。

国家是爱国主义精神产生的基础。随着我国国家治理现代化水平的不断提升，我国民众对国家的归属感和认同感越来越强，这十分有利于现代爱国主义精神的形成与发展。

（三）中国特色社会主义进入新时代

党的十八大以来，党中央提出了一系列新理念、新思想和新战略，带领中国进入特色社会主义新时代。2017 年，党的十九大报告正式作出政治判断，明确了当代中国所处的全新历史方位。

十九大报告中指出：“中国特色社会主义进入新时代，我国社会主要矛盾已经转化为人民日益增长的美好生活需要和不平衡不充分的发展之间的矛盾。”

新时代，我国社会主要矛盾的变化明确指出了我国所处的发展阶段和发展环境，以及发展中需要面对的挑战。现阶段，我国正处于社会改革的深化阶段，从宏观上看，我国综合国力不断提升，但不同地域、不同群体、不同行业和领域存在发展不平衡问题。这些问题的形成原因复杂，非一朝一夕能够解决。

新时代社会主要矛盾的变化对中国特色社会主义建设提出了许多新的要求。而随着社会主要矛盾的变化，爱国主义精神势必也受到相应影响，呈现出新的内涵与特色。

（四）社会上非理性爱国现象的存在

改革开放40多年来，随着国家实力逐渐增强，我国日益走向世界舞台的中央，我国公民的民族自尊心和自豪感也越来越强。人们越来越能够成熟而理性地看待我国发展过程中遇到的种种挑战，能够客观、理性地分析我国现阶段的国际关系。

然而，伴随经济全球化发展中各种思想和观念的激烈交锋，一些公民由于爱国主义修养不足而出现了认同错误的爱国主义观念的行为，或因被误导而出现了过激的爱国行动。

爱国主义是一种情感，具有强烈的感染力和爆发力。若公民缺乏理性认识，则可能受他人误导而做出激烈的非理性爱国行动。

进入21世纪以来，随着经济全球化的发展越来越深入，国际关系越来越复杂，国家之间难免出现碰撞与摩擦。一些非理性的爱国者常会采取不理智的极端行动以彰显立场。这种不理性的爱国行为非但不能解决问题，反而伤害了本国同胞，有损国家形象。

除此之外，网络平台上存在一批对现实社会不满的群体，他们在现实生活中看不到世界的美好，过于关注社会的阴暗面，以至于在网上发表大量不理性的爱国言论，而这些爱国言论对不了解事实真相，无法客观、理性地认识世界、国家和个人关系的公民具有较强的煽动性，易引发公民的不理智行为。

新时代爱国主义精神有利于帮助公民培养正确而理性的爱国情感，培养公民理性的爱国主义，引导公民的爱国主义行动朝着理性的方向发展。

第二节　新时代爱国主义精神产生的理论依据

新时代爱国主义精神并非凭空产生，而是在马克思主义国家观、列宁爱国主义思想、中国共产党爱国主义思想和实践的基础上发展起来的。

一、马克思主义国家观

马克思主义国家观是马克思和恩格斯在对黑格尔的国家观进行批判、对德国现实社会进行深刻剖析的过程中形成的。马克思并没有专门针对国家观进行完整而系统的论述，其关于国家观的论述散见于《黑格尔法哲学批判》《关于费尔巴哈的提纲》《德意志意识形态》《共产党宣言》《法兰西内战》以及《哥达纲领批判》等中。

马克思主义国家观大体从以下几个方面体现出来。

（一）国家起源

国家是人类社会发展到一定阶段的产物。历史上众多哲学家和思想家从不同角度对国家的起源进行过论述。

马克思在《黑格尔法哲学批判》中对黑格尔的学说进行了批判，指出家庭、市民社会是国家的重要组成部分，也是国家的必要条件。马克思认为，市民社会是由现实中的人组成的，是人类生活的基础，也是国家的基础，是国家起源的决定性因素，国家则是市民社会的正式表现，其实质是在市民社会中占统治地位的阶级国家。

马克思的这一观点较为清晰地明确了市民社会与国家的关系，对市民在国家中的作用进行了肯定。这一观点是了解马克思主义国家观的基础和出发点。

（二）国家的本质

恩格斯曾对国家起源的问题进行过深入而系统的研究。他曾专门对古希腊、罗马、德意志国家的产生进行深入考察，也曾对东方社会的国家权力的产生进行研究，其著作《反杜林论》《家庭、私有制和国家的起源》中更详细阐明了关于国家起源的观点。恩格斯认为，一切社会权力和政治暴力都起源于经济条件，起源于该社会的历史产生的生产方式和交换方式。[①] 恩格斯从这一观点出发对国家权力的产生进行了详细分析，揭示了国家的本质。

马克思和恩格斯指出："国家是属于统治阶级的各个个人借以实现其共同利益的形式，是该时代的整个市民社会获得集中表现的形式。"[②]

国家是统治阶级借以实现其共同利益的组织形式，不可避免地代表统治阶级的利益。从这一视角看，国家在本质上是阶级统治和压迫的工具，是处于统治地位的少数人实现其共同利益的一种方式，也是产生于社会之中并居于社会之上的一种力量。马克思和恩格斯在认识国家本质的基础上对现代资产阶级国家的本质特征进行了阐释。

（三）国家的职能

马克思在《资本论》中指出，国家的职能"既包括执行由一切社会的性质产生的各种公共事务，又包括由政府同人民大众相对立而产生的各种特殊职能"[③]。从马克思的这一论述可以看出，国家具有政治统治职能、公共管理职能。

政治统治职能是由国家的本质决定的，也受国家性质的影响。在阶级社会中，统治阶级为了维护自身利益和社会稳定，往往借助国家机器对国民进行统治，维护国家统一。

公共管理职能是国家的主要职能之一，主要体现在国家对各种公共事务的处理、控制国家内部的社会冲突、保持国家内部的健康稳定发展上。此外，国家统治者还应确定必要的社会规范和社会秩序，以促进社会稳定发展。

国家的政治统治职能和公共管理职能之间存在辩证统一的关系。其中，国家的公共管理职能是政治统治职能的基础和前提，国家只有通过公共管理

---

① 中共中央马克思恩格斯列宁斯大林著作编译局．马克思恩格斯全集：第 1 卷[M]．北京：人民出版社，1972：257.

② 中共中央马克思恩格斯列宁斯大林著作编译局．马克思恩格斯全集：第 1 卷[M]．北京：人民出版社，1972：69.

③ 中共中央马克思恩格斯列宁斯大林著作编译局．马克思恩格斯选集：第2卷[M]．北京：人民出版社，2012：560.

活动，才能使公民获得一定的利益，才能保持社会的稳定发展，也才能确保统治者的政治统治职能得以实现。在阶级社会中，国家的公共管理职能是为统治职能服务的，无论公共管理职能还是政治统治职能，其目的均是维护统治阶级的最终利益。

（四）国家的消亡

马克思和恩格斯认为，国家是人类社会发展进程中的必然产物，但国家并不会永恒存在，最终将会随着阶级的消失而消亡。国家的消亡是一个十分漫长的过程。

国家的消亡是有条件的，只有当阶级不存在时，国家才会消亡。在生产力高度发展的共产主义社会，当物质文化、精神文化极丰富，人民能够基于兴趣自愿进行分工且每个人的智慧和才能得到充分发展时，国家才会彻底消亡。

综上所述，马克思主义国家观包括国家的起源、国家的本质、国家的职能和国家的消亡等内容。这些内容有助于人们对国家产生正确而理性的认识。马克思和恩格斯在对“国家”进行论述时，并没有对爱国主义进行界定。然而，马克思主义国家观中包含着丰富的爱国主义思想，这种爱国主义思想是从无产阶级角度进行论述的。马克思和恩格斯认为，爱国主义不是狭隘的民族主义，是各个民族间的团结而不是分裂。①

中国作为坚持以马克思主义为指导的社会主义国家，以最终实现共产主义作为奋斗目标。马克思和恩格斯对国家的阐释和爱国主义思想是我国新时代爱国主义精神形成的重要理论基础。

二、列宁爱国主义思想

列宁作为俄国历史上真正的马克思主义的伟大爱国者，在领导国内民众推翻沙皇反动统治、建设社会主义国家的过程中，对马克思主义国家观和爱国主义思想进行了实践，并在此基础上赋予了爱国主义行动更高的国际主义内涵。

列宁对国家的概念进行了简明扼要的概述：“什么是国家呢？国家就是

① 中共中央马克思恩格斯列宁斯大林著作编译局．马克思恩格斯选集：第 1 卷[M]．北京：人民出版社，2012：421.

统治阶级的组织。”[①] 列宁不仅对国家的概念进行了阐释，还对狭隘的爱国主义进行了批判，对国际主义和爱国主义之间的辩证统一关系进行了论述。

（一）对狭隘的爱国主义进行批判

列宁在对小资产阶级的狭隘爱国主义进行批判时指出：“爱国主义是由于千百年来各自的祖国彼此隔离而形成的一种极其深厚的感情。”[②]

列宁领导人民夺取十月革命胜利后，第一次世界大战仍在进行。为了尽快摆脱帝国主义战争，列宁带领的苏俄政府于1917年11月21日向各协约国发出照会，建议各交战国立即停止战争，缔结不割地、不赔款的和约。然而，这一建议遭到了各参与国的拒绝。为了保护十月革命的胜利成果，争取和平，粉碎协约国企图利用德国之手扼杀苏俄的阴谋，1918年3月3日苏俄与德国、奥匈帝国、保加利亚和土耳其在布列斯特－立托夫斯克（今布列斯特）签订《布列斯特－立托夫斯克和约》，该和约使苏俄丧失了近100万平方千米的土地。

该合约签订后，苏俄小资产阶级政党孟什维克和社会革命党认为缔结这一合约的行为是一种卖国行为。列宁对这种思想进行了批判，他指出：“从狭隘的爱国主义来看，这一步骤是背叛祖国，从世界革命来看，这却是对世界革命帮助最大的正确的战略步骤。”[③]

该合约的签订是一种权宜之计，及时保护了十月革命的成果，对世界范围内的无产阶级革命具有十分重大的意义。第一次世界大战德国战败后，苏俄宣布这一和约解除。

从签订《布列斯特－立托夫斯克和约》事件中列宁对狭隘的爱国主义的批判可以看出，列宁所坚持的爱国主义是一种无产阶级的爱国主义，具有国际性、长远性、发展性的特点。

---

① 中共中央马克思恩格斯列宁斯大林著作编译局．列宁选集：第3卷[M]．北京：人民出版社，1972：162.

② 中共中央马克思恩格斯列宁斯大林著作编译局．列宁选集：第3卷[M]．北京：人民出版社，2012：579-580.

③ 中共中央马克思恩格斯列宁斯大林著作编译局．列宁全集：第35卷[M]．北京：人民出版社，1995：212.

（二）坚持国际主义和爱国主义的辩证统一

列宁的爱国主义思想是一种无产阶级的爱国主义观，其在探讨爱国主义和国际主义的关系时，均是从无产阶级的立场出发的。

列宁认为，一方面，无产阶级的爱国主义以国际主义为前提，一个爱国者同时是一个国际主义者，爱国主义要以国际主义为前提；另一方面，无产阶级的国际主义是对爱国主义的发展。

马克思主义以实现全人类解放作为终极目标，在《共产党宣言》中，马克思号召全世界无产者联合起来，相互帮助，互相团结，共同协作，最终达到消灭剥削和压迫，实现共产主义共同理想的目标。列宁作为坚定的马克思主义革命者和无产阶级战士，认为世界各国的无产阶级既是忠诚的爱国者，又是坚定的国际主义者。无产阶级革命战士在为各自国家的利益进行斗争和革命的同时，需要维护全世界无产阶级的共同利益。无产阶级进行的革命是具有国际性的，以实现全人类解放、全人类发展进步为目的的伟大革命，体现出了人类历史上崇高的爱国主义表征。因此，爱国主义与国际主义之间存在不可分割、互为因果的辩证统一关系。

列宁思想是无产阶级革命思想的重要组成部分，列宁的爱国主义思想也是无产阶级爱国主义思想的重要内容。新时代爱国主义精神是在中国特色社会主义建设过程中形成和发展起来的，在客观上受到列宁爱国主义思想的影响。从这一视角看，列宁的爱国主义思想是我国新时代爱国主义精神形成的重要理论基础。

三、中国共产党爱国主义思想和实践

中华人民共和国成立后，中国共产党带领全国各族人民在马克思主义、列宁思想的指导下建设社会主义中国，结合本国实际状况，对爱国主义思想进行丰富和实践，形成了独具中国特色的爱国主义理论。

（一）爱国主义是一个历史范畴

爱国主义的内容并非固定不变的，而是一个历史范畴，不同时代爱国主义的具体内容由当时的历史条件所决定。不同民族、不同国家的爱国主义思想也不尽相同。中华人民共和国成立之前，中国的爱国主义体现为争取民族独立，救亡图存；中华人民共和国成立后，爱国主义和爱社会主义呈现出相一致的趋势。

（二）爱国主义就是爱人民和团结人民

人民是国家构成不可或缺的要素，毛泽东爱国主义思想的基础即爱民思想。近代百余年来，中华民族饱受西方殖民主义、封建主义和官僚主义的压迫，而中国之所以能够终结长达百余年的半殖民地半封建社会，建立中华人民共和国，就是因为千千万万的中华儿女团结一致，共同抗击侵略者和压迫者。

例如，沂蒙地区作为中国共产党最早进行革命活动的区域，人民群众的思想觉悟普遍较高。在新民主主义时期的各个阶段，人民群众均表现出积极的支前精神。其中，淮海战役是解放战争的三大战役之一。在淮海战役中，沂蒙地区的人民群众表现出突出的革命精神。为了支持和配合中国共产党打赢淮海战役，沂蒙地区的人民群众纷纷加入民工的行列，用 11 万辆小推车向战场运送粮食、军鞋、马料等各种军事补给。正是由于沂蒙人民源源不断地送来革命补给，淮海战役才取得了最终的胜利。正如，淮海战役的指控者陈毅同志所说："淮海战役的胜利是人民群众用小推车推出来的。"[①] 由此可见，在新民主主义时期，人民群众的团结一致是取得新民主主义战争胜利的关键因素之一。

中华人民共和国成立后，确立了人民当家做主的基本政策纲领。社会主义建设时期，正是由于人民群众团结一致，才能在短短数十年中，推动中国经济、文化的蓬勃发展，并取得累累硕果。

这些爱国主义实践无一不证明，人民是国家真正的铜墙铁壁，爱国必须爱人民、团结人民，这是中华民族在百余年来的实践探索中得出的真理。

（三）坚持爱国主义与国际主义相统一

中国共产党以马克思主义和列宁思想为指导，建设中国特色社会主义国家。中国共产党不仅要保卫自己的国家，反抗帝国主义侵略者，还是国际主义者，为反对侵略而战。

---

① 中共中央组织部党员教育中心组织．基层党组织书记理论知识读本 [M]. 北京：党建读物出版社，2015：26.

1950年，朝鲜内战爆发，美国趁机派兵侵略朝鲜，并入侵中国，严重威胁着中国和邻国的安全。中国人民在党的带领下，组成人民志愿军开赴朝鲜前线，与朝鲜军民共同作战，协助朝鲜人民抗击侵略者，并最终赢得了抗美援朝战争的胜利。抗美援朝战争的胜利不仅巩固了中国新生的人民政权，为我国的社会主义建设赢得了相对和平和稳定的发展环境，提升了新生的人民政权的国际地位，还壮大了社会主义阵营的力量，增强了亚洲各个国家和世界所有殖民地和附属国人民反侵略斗争的勇气与胜利的信心。

综上所述，中华人民共和国成立前后，中国共产党带领中国人民进行了一系列爱国主义实践，并在此基础上总结出大量爱国主义理论。这些爱国主义理论也是新时代爱国主义精神的理论基础之一。

第三节 新时代爱国主义精神的内在逻辑

新时代爱国主义精神是在我国进入新时代这一历史背景下形成的，是我国人民群众对祖国的领土主权、生存发展、繁荣昌盛等根本利益的高度关切和自觉维护的一种情感、思想和行动的有机统一的完整体系。新时代爱国主义精神与古代爱国主义、近代爱国主义、现代爱国主义一脉相承。本节主要对新时代爱国主义精神的内在逻辑进行详细阐释。

从构成层次上看，爱国主义包含情感、精神和行动三种要素，三者之间呈现出有机统一的内在逻辑关系（图2-1）。

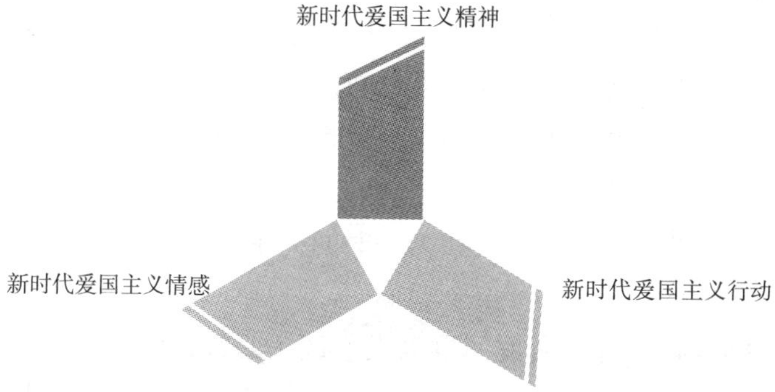

图2-1 新时代爱国主义精神各要素间的关系

一、新时代爱国主义精神与新时代爱国主义情感之间的关系

自人类进入国家阶段后，人们自出生以来就相对固定地在一个国家内生活、学习和工作，可以说无论过去还是未来，人们的个人利益都与国家的发展息息相关。因此，生活在某一个国家的人自然而然会对所属的国家产生一种依恋、热爱之情，进而形成了自然、质朴的情感。

这种情感是生活在特定国家的人们对祖国的一种归属感，是人类社会中普遍存在的，它经过一代代人的不断传承、巩固和深化，最终升华成为一种崇高而美好的爱国主义情感。

爱国主义情感包括人们对自己的祖国、民族、语言文字和民族优秀文化的热爱、自豪感和自信心，以及对国家光辉前景的民族自信心。爱国主义情感在个人的成长和发展中起着十分重要的作用。

新时代爱国主义情感是在新的历史条件下形成的具有新样态的一种特殊的情感，与传统爱国主义情感相比，更加深刻和崇高。

在新时代，中国的综合国力和国际影响力不断提升，在国际事务中拥有了更大的发言权。与此同时，中国人民在日常生活、工作和学习中对祖国日益强大的感受越来越深刻，认识到祖国为我们提供了实现理想的广阔空间和良好条件，并越来越清晰地看到祖国强盛为个人成长和发展所带来的种种益处。

由于公民的利益与国家的发展休戚相关，随着综合实力的日益强大，中国在国际事务中所发挥的作用越来越大，中国公民在国际上所获得的尊重越来越多。同时，越来越多的国家与中国建立了良好的关系，促进了彼此的经济、文化交流。

进入21世纪以来，随着多边外交关系的形成，国际关系呈现出以和平与发展为主的趋势。然而，在这一大趋势之下，世界上不可避免地存在各种局部冲突。近年来，越来越多的中国公民走出国门，到世界各地谋求新的发展机遇，华人和华侨的足迹已遍布全球。当中国公民所在的国家或地区发生战争、疫情等危机时，中国总会在第一时间为中国公民提供援助，最大限度地保护中国公民的生命和财产安全。

例如，2006年4月，所罗门群岛发生政治暴乱，殃及当地无辜的华人、华侨，其中很多人的财产毁于一旦，被迫离家避难。面对这一情况，中国政

府高度关注，并及时为华人、华侨提供援助，除了积极协调华人、华侨搭乘其他国家的军机撤离所罗门外，还于4月22日至25日派专门的飞机跨国救助华人、华侨，确保他们的生命安全。

2011年2月，利比亚内战全面爆发，身处利比亚的4万余名华人华侨的生命财产安全无法得到保障。面对这一状况，中国政府第一时间派出军机、轮船以及200架客机参与利比亚撤侨行动，在短短十天内将所有侨胞撤回中国。在撤侨之余，中国还救助了200多名其他国家的民众。如此高效的撤侨行动不仅使身处其中的华人、华侨近距离感受到祖国的强大，还让世界各国对中国的实力刮目相看。

2015年，位于阿拉伯半岛南部的国家——也门局势持续紧张，成为世界关注的焦点。许多国家纷纷关闭使馆，要求本国公民撤离也门。在这一紧张局势下，中国政府派遣海军军舰前往也门，成功地撤离在也门的华人华侨，最大限度地保护了华人华侨的利益。

2020年，面对全球新型冠状病毒肺炎疫情日益严峻的形势，我国政府立刻制定了相应政策，排除一切困难，协助海外游子归国。此外，针对因学业、工作等实际困难无法立刻回国的中国公民，我国政府专门为其派发了大量防疫物资，以确保中国公民在海外的生命安全。

近年来，随着中国政府撤侨行动次数越来越多、规模越来越大，中国公民对祖国实力强大的感受越来越深刻。除了撤侨行动之外，中国在政治、经济、文化、外交方面取得的累累硕果也让中国公民切实感受到了祖国的强大，认识到不论身处何方，身处何种境遇，祖国永远是自己最坚实的依靠。中国在各个方面的飞速发展使国民与祖国之间的联系越来越紧密，使国民的新时代爱国主义的情感越来越浓烈。

新时代爱国主义精神是中国公民在新时代这一历史条件下形成的对如何认识和处理自身与国家、国家与世界关系的基本看法与主张，是中国公民对新时代爱国主义内涵和新时代爱国主义意义的理解与掌握，是指导中国公民爱国主义实践的价值尺度。

新时代爱国主义情感停留在心理情感层次，新时代爱国主义精神则是以新时代爱国主义情感为基础，在爱国主义实践中，通过充分感知强大的祖国为自身稳定发展所提供的物质和精神支撑之后形成的热爱祖国、保卫祖国、报效祖国的思想理论。

综上所述，新时代爱国主义情感属于情感范畴，新时代爱国主义精神属于理论范畴。新时代爱国主义精神是在将新时代爱国主义实践与新时代爱国主义情感相结合的基础上逐渐形成的、被中国公民普遍认同的、以道德规范和政治原则为表现形式的系统的思想和精神体系，是新时代爱国主义情感的理性升华。

二、新时代爱国主义精神与新时代爱国主义行动之间的关系

新时代爱国主义精神只有落实到具体实践活动中，才能形成规模效应，才能产生巨大的动力，推动国家发展和社会进步，才能真正体现新时代爱国主义精神的社会现实意义。

从实践层面看，任何阶段的爱国主义行动均不乏爱国主义精神的指导。以古代爱国主义行动为例。古代爱国主义行动在国家危难之际体现得十分鲜明。岳飞在幼年就立下了精忠报国的志向，长大后成长为一位抗金英雄。然而，岳飞在抗击金人、即将收复沦陷国土的关键时刻被皇帝以 12 道金牌召回，错失了抗击金人的大好时机。岳飞的这一行动受古代爱国主义精神中“忠君爱国”思想的指导。由于古代爱国主义精神中，“忠君”与“爱国”紧密相连，如果岳飞以“将在外，君命有所不受”的理由违抗皇帝停战的命令，就违背了古代的爱国主义精神。

由此可见，爱国主义行动与爱国主义精神之间存在紧密联系，爱国主义精神是爱国主义行动的指导，爱国主义行动则是爱国主义精神的实践。

“爱国，不能停留在口号上，而是要把自己的理想同祖国的前途、把自己的人生同民族的命运紧密联系在一起，扎根人民，奉献国家。”[①] 爱国主义精神不是单纯的口号，必须落实到社会实践层面，落实到各个社会阶层、团体和个人。如果爱国主义精神与爱国主义行动相分离，空有精神而无法落实到行动，爱国主义精神就无法在国家和民族发展中起到应有的作用。只有在行动中彻底贯彻爱国主义精神，以爱国主义精神指导行动，才能深化爱国主义精神，规范爱国主义行动，纠正爱国主义实践中的错误，树立爱国主义行动榜样。

新时代爱国主义精神也是如此。人类的任何行动均以一定的思想作为指导，新时代爱国主义精神是新时代爱国主义行动不可或缺的指导方针。

① 习近平．在北京大学师生座谈会上的讲话[N]．人民日报，2018-05-03(2)．

近年来，随着中国在国际社会中的影响力越来越大，人们的爱国主义热情也日益高涨。然而，部分国人存在着非理性爱国主义行动。例如，在中国与其他国家爆发冲突时，一些国人为了宣扬自己的爱国主义情感，不惜对本国公民购置的国外品牌物品或开办的国外品牌商店实施抵制、打砸等行为。这些行为并非正确的爱国主义行动，而是一种非理性的、极端化的爱国主义行动。这样的行为不仅不能对现实中存在的国家矛盾产生任何积极影响，还会伤害本国人民的情感，扰乱本国正常的生活和生产秩序。这些并非不爱国的表现，而是没有树立正确的爱国主义观念，没有掌握正确的爱国方法。由此可见，新时代爱国主义精神在指导新时代爱国主义行动中的重要作用。

三、新时代爱国主义精神、情感、行动三者之间的关系

新时代爱国主义精神、情感和行动三者之间存在紧密关系。其中，新时代爱国主义情感是新时代爱国主义精神和新时代爱国主义行动的重要基础和催化剂。

新时代爱国主义精神是新时代爱国主义情感的理性升华，其剔除了新时代爱国主义情感中的非理性部分，用理性部分指导新时代爱国主义行动，为新时代爱国主义行动提供了价值尺度和理性约束，从而使新时代爱国主义行动具有更强的现实意义。

新时代爱国主义行动是新时代爱国主义情感和新时代爱国主义精神的落脚点。任何思想必须落实到行动上才具有意义，新时代爱国主义精神也是如此。如果新时代爱国主义精神无法落实到行动上，缺乏必要的新时代爱国主义实践，新时代爱国主义精神就是高高在上的“空中楼阁”，无法引发国人的深度认同，无法成为国人的行动指南。新时代爱国主义行动在践行新时代爱国主义精神的同时，对新时代爱国主义精神进行着补充，促进新时代爱国主义情感和新时代爱国主义精神不断深化、发展和巩固。

第三章 新时代爱国主义精神的内涵及意义

祖国的命运和党的命运、社会主义的命运是密不可分的。只有坚持爱国和爱党、爱社会主义相统一，爱国主义才是鲜活的、真实的，这是当代中国爱国主义精神最重要的体现。

——习近平

第一节　新时代爱国主义精神的基本内涵

中国是一个有着悠久爱国传统的国家，新时代爱国主义精神在继承传统爱国主义精神的同时，应从新时代的需要出发，不断被赋予新的时代内涵。新时代爱国主义精神的基本内涵包括坚持爱国、爱党和爱社会主义相统一，坚持实现中国梦的伟大目标，维护祖国统一和民族团结，坚持立足中国又面向世界。

一、坚持爱国、爱党和爱社会主义相统一

1949 年，中国共产党带领中国人民取得了新民主主义革命的胜利，推翻了压在中国人民头上的“三座大山”，成功地建立了人民当家做主的国家。

中华人民共和国成立后，中国共产党领导中国人民将爱国主义同革命、建设、改革的伟大实践紧紧联系在一起，为实现国家的繁荣健康发展、人民的幸福生活不懈奋斗，在建设中国特色社会主义的伟大实践中践行爱国主义精神。

中华人民共和国是中国共产党领导下的人民当家做主的社会主义国家，在成立初期，所面对的局势并不乐观，内部一穷二白、有待稳定，外部风起云涌、云谲波诡。中国人民在中国共产党的带领下，充分发扬艰苦奋斗、自力更生的精神，顶住各方面的压力，独立自主地探索适合中国国情的社会主义道路。在短短数十年间，贫困落后的中国就被建设为繁荣富强、兴旺昌盛的社会主义国家。

“祖国的命运和党的命运、社会主义的命运是密不可分的。只有坚持爱国和爱党、爱社会主义相统一，爱国主义才是鲜活的、真实的，这是当代中国爱国主义精神最重要的体现。”①

中华人民共和国是在中国共产党的带领下，进行社会主义伟大实践的国家，新时代爱国主义精神必须坚持爱国、爱党和爱社会主义相统一，这是新

---

①　习近平．习近平在中共中央政治局第二十九次集体学习时强调 大力弘扬伟大爱国主义精神 为实现中国梦提供精神支柱[N].人民政协报，2015-12-31（1）.

时代爱国主义精神的主要内涵之一。

（一）社会主义、国家和党的命运密不可分

当今时代，任何强大的国家均离不开先进政党的领导、先进制度的依托。

在中国共产党的领导下，中华人民共和国完成了社会主义改造，建立了社会主义制度，开始探索中国社会主义建设道路。社会主义是目前世界上最先进的社会制度，出现的时间较短，没有任何经验可供借鉴。因此，中国共产党领导中国人民在进行社会主义实践中经历了一系列挫折。改革开放以来，中国共产党立足中国国情，以经济建设为中心，进行了一系列改革开放实践，使中国的政治、经济、文化等各项事业取得了举世瞩目的辉煌成就。中国人民的民族自信心和自豪感也因此空前高涨。

近代以来，中国儿女为了实现中华民族的独立和富强进行了一系列社会实践。这些实践证明，只有社会主义才能救中国，只有中国共产党才能发展中国，新时代的爱国主义精神不是虚幻的、看不见的、摸不着的，而是以社会主义实践作为现实载体的精神。社会主义与中国国家的命运、中国共产党的命运密不可分。

21 世纪以来，随着经济全球化的发展，国家综合国力的竞争日益加剧，贸易保护主义日渐抬头，一些没有先进政党领导和先进社会制度优势的国家面临着随时因外部势力的干预而被削弱、被肢解的命运。这样的例子在世界各地屡见不鲜，这些国家数以千万计的民众被迫在战火中生存，或无奈逃往国外。在许多国家和地区出现乱象之际，中国在发展过程中也遭遇了经济发展不平衡、不充分等一系列压力和挑战。然而，在中国共产党的领导下，在中国特色社会主义道路的实践中，中国人民解决了一个又一个难题，在短短数十年内推动中国不断强盛，交出了一份令世界称奇的中国答卷。中国各个领域所取得的巨大成功以无可辩驳的事实证明了社会主义、国家和党的命运密不可分。新时代爱国主义精神必须坚持爱国、爱党和爱社会主义的统一。

（二）爱国、爱党和爱社会主义相统一的爱国主义精神才是鲜活的

新时代爱国主义的本质就是坚持爱国、爱党、爱社会主义相统一，只有

将爱国、爱党和爱社会主义统一起来，落实到社会实践中，这样的爱国主义精神才是真实的、鲜活的。而倡导“爱国不等于爱党”“爱国不等于爱社会主义”的思想均是虚假的爱国主义。

1.爱国就要自觉接受党的领导

中国共产党自20世纪20年代诞生以来，就承担起救亡图存、民族富强的重任。在过去的百年中，一代代中国共产党人以伟大的奋斗精神和对人民的赤子之心带领中国人民相继经历新民主主义革命、社会主义改造、改革开放和新时代社会主义建设等多个阶段：通过新民主主义革命，带领中国人民战胜了一切反革命势力，推翻了压在人民头上的“三座大山”，建立了中华人民共和国；经过社会主义改造，成功确立了社会主义先进制度；经过改革开放，带领中国人民一步步摆脱落后面貌，逐渐富强起来；在新时代，带领中国人民直面改革中遇到的种种挑战，理性应对国际国内各种风险，带领中国人民走上实现中华民族伟大复兴的道路。

现阶段，我国已进入中国特色社会主义新时代，我国社会主要矛盾发生改变，社会发展的结构、动力和目标相应发生变化，思想领域的交流和交锋更加激烈。从国际环境看，世界范围内经济复苏乏力，局部冲突不断，国际竞争更加激烈。面对复杂的国内国际环境，只有坚持中国共产党的统一领导，凝聚共识，团结一致，共同面对种种机遇与挑战，才能持续推动社会主义不断向前发展，推动中国综合实力不断壮大，实现中华民族伟大复兴的中国梦。因此，从这一视角看，新时代爱国主义精神必须坚持爱国与爱党相统一。

2.爱国就要自觉维护社会主义制度

国家和制度之间存在着十分紧密的关系，国家是制度的载体，而制度则是国家建设的重要依据，是关系国家发展的稳定性、长期性问题。国家的政治、经济、文化发展均离不开制度的保障。

中华人民共和国早在成立初期就确立了社会主义制度。数十年来，中国人民在中国特色社会主义制度的充分保障下，取得了经济持续发展、社会大局稳定和人民安居乐业的一系列成就。

任何时代的爱国主义如果脱离国家制度，就无从谈起。只有坚定对中国特色社会主义制度的自信，自觉贯彻和落实各项制度要求，维护制度权威，推动制度创新和发展，才能更好地为国家发展提供制度保障，才能有利于推动我国长期、稳定发展，才能践行新时代爱国主义精神。因此，从这一视角看，新时代爱国主义精神必须坚持爱国与爱社会主义制度相统一，自觉维护社会主义制度。

二、坚持实现中国梦的伟大目标

实现中华民族伟大复兴的中国梦是新时代爱国主义精神的鲜明主题。爱国主义是一个历史范畴，不同时期的爱国主义既一脉相承又不断丰富和发展。特定时期的爱国主义与国家在该历史时期的总体发展目标或愿景紧密相连。新时代，中国特色社会主义的总任务是实现社会主义现代化和中华民族伟大复兴。相应地，新时代爱国主义精神应与中国特色社会主义的总任务保持一致。

爱人民、爱故土、爱家园是历代爱国主义的永恒主题。尽管爱国主义随着时代的发展而不断发展和变化，但是无论哪一个时代，爱国主义的对象均指向人民、故土和家园。新时代爱国主义精神的基础包括爱祖国的大好河山、爱祖国的骨肉同胞、爱祖国的灿烂文化。

中华民族有着数千年的历史文明，数千年来一代代中华儿女为了维护中华民族的团结和统一、繁荣和昌盛做出了巨大贡献。中国梦是全体中华儿女对国家安定富强、社会和谐稳定、人民幸福安康的共同期盼与追求。中国梦是自古以来中华儿女的共同企盼，体现了中华民族对梦想的价值追求，蕴含着中华儿女对美好生活的向往。

近代以来，西方列强用坚船利炮轰开了中国的大门，对中华民族进行大肆掠夺和侵略，肆意侵犯中华民族的主权，瓜分中华民族的领土，使中国逐渐从主权独立的国家沦为半殖民地半封建的国家，中华儿女在水深火热中挣扎。在中华民族陷入绝境之时，无数仁人志士猛然觉醒，进行了艰苦卓绝的上下求索，以寻求救亡图存、中华崛起的出路。伴随着中国共产党的诞生，中华儿女在中国共产党的领导下，以马克思主义为指导思想，推翻了压在人民头上的“三座大山”，建立了中华人民共和国，确立了社会主义制度。经过数十年的发展，中国特色社会主义建设取得了累累硕果，在国家富强、民族振兴、人民幸福的道路上不断前进，在伟大的爱国主义精神的滋养下，朝着中华民族伟大复兴的中国梦不断前进，迎来了实现中华民族伟大复兴的光明前景。

中国梦的本质是国家富强、民族振兴、人民幸福，中国梦不是抽象的、空洞的，而是具有较强的历史性和现实性的，在不同时代具体内涵不完全相同。中国梦也不是复古、狭隘的民族主义，而是顺应时代发展趋势，更好地满足人民日益增长的美好生活需要，不断提升整个国家的综合实力和国际竞争力，不断提高中华民族在世界民族之林的地位和作用的伟大梦想。

新时代爱国主义精神要求中华儿女将实现中华民族伟大复兴作为基本追求，自觉提升思想道德修养，锤炼高尚品格，注重提升能力素质，增强追梦圆梦本领，发扬改革创新精神，提升国家核心竞争力，将个人理想自觉融入国家改革发展伟业之中，在实现中国梦的过程中，赋予个体生命以崇高的意义与价值。

三、维护祖国统一和民族团结

中华民族是中国各民族在数千年历史发展进程中形成的多元统一体。数千年来，我国各民族不断融合、交流，相互团结、友爱，相互尊重、帮扶，在历史上创造了无数辉煌的成就和灿烂的文化。

中国是一个多民族国家，在数十年的发展过程中，各民族团结一致，共同维护国家统一，为我国各项事业的健康发展、国际地位的稳定提升创建了良好的发展环境。在国家发展的同时，各民族也呈现出蒸蒸日上的良好发展态势。

新时代爱国者作为中华民族大家庭中的一员，应坚持维护祖国统一和民族团结，树立正确的民族观和国家观。

（一）坚持维护祖国统一和民族团结是维护中华民族的根本利益

纵观中国古代、近代和现代各个历史阶段的发展历程，一代代中华儿女均以国家统一和民族团结作为根本追求，付出了鲜血和生命的代价，才确保中华民族不断传承与发展，创造了民族团结、和谐共赢的美好局面。

自古以来，中华民族从来不缺乏维护国家统一和民族团结的民族英雄，历朝历代均流传着诸多民族英雄的故事。例如，20 世纪 50 年代，美国打着联合国的旗号，趁朝鲜内战之机，武装侵入朝鲜，并且不顾中国政府的严正警告，越过“三八线”，直逼中朝边境，对新生的中华人民共和国造成了严重威胁。在朝鲜政府的请求下，同时也为了维护祖国统一，中国人民志愿军毅然出兵朝鲜进行抗美援朝运动。从国际视角看，抗美援朝运动是新生的中华人民共和国为了维护世界和平而参与的战争活动；从中国视角看，抗美援朝运动是维护祖国统一性质的活动。这一点主要表现在两个方面。

1. 中国人民志愿军是一支多民族参与的部队

在抗美援朝运动中，中国人民志愿军肩负着人民的希望和重托，于1950年10月跨过鸭绿江，进入朝鲜战场，进行伟大的抗美援朝战争。中国人民志愿军中既有汉族战士，又存在大量少数民族战士。

例如，纳西族是我国云贵地区一个古老的民族，是中华民族的重要组成部分。早在抗日战争期间，纳西族人民就积极参军，组建了以纳西族人民为主的六十军，他们在抗日战争期间英勇作战，用鲜血和生命保卫了祖国领土安全。抗美援朝期间，纳西族战士积极加入中国人民志愿军，开赴朝鲜战场。其中，一四四师四四七团一营营长戴汝吉就是纳西族战士，他于1950年加入中国人民志愿军，奔赴朝鲜战场。1951年，戴汝吉率军连夜袭击美军占领的水原城，直捣美军指挥部，取得了以少胜多的辉煌战果，狠狠打击了敌军士气。此后，戴汝吉还多次带领部队与敌人作战，在保卫白云山、保障物资安全等方面做出了突出贡献。朝鲜战争结束后，戴汝吉被授予“人民功臣”“战斗英雄”的荣誉称号。

又如，河北回族人民积极报名参加中国人民志愿军，争相上战场杀敌。1951年，原渤海回民支队改编而成的铁道兵纵队二支队改称铁道兵二师，赴朝参战。

抗美援朝战场上的战斗十分激烈，桥梁、铁路作为交通要道，往往成为轰炸的重点。朝鲜境内，原有的道路、桥梁在敌军的轰炸下成为一片废墟，不利于行军作战，给物资运输造成了极大困难。铁道兵二师入朝后冒着敌军的炮火和轰炸，日夜抢修，恢复了一座又一座桥梁、一条又一条铁路，为作战部队和物资运输部队的顺利通行提供了重要保障。

除了纳西族和回族之外，其他少数民族战士也积极申请加入中国人民志愿军，以各种各样的方式为抗美援朝战争的胜利做出了重要贡献。

2. 抗美援朝活动是由多民族共同支持的活动

在抗美援朝活动中，各族人民除了直接参与到战争活动中之外，还通过各种方式支持抗美援朝活动，为抗美援朝的最终胜利做出了多方面贡献。

抗美援朝战争爆发后，中国各族人民积极响应“抗美援朝，保家卫国”的号召：节衣缩食，捐款捐物，购置武器，送往抗美援朝前线；通过游行示威活动抗议美帝国主义的行为，鼓舞士气；积极开展工农业生产，做好抗美援朝的后勤工作。

例如，河北回族相声艺术家王本林募集款项，为抗美援朝捐献“鲁迅号”飞机，成为文艺界支援抗美援朝战争的杰出典范。

又如，黔东南少数民族在爱国主义旗帜的号召下，团结一致，同仇敌忾，积极捐款购买飞机、大炮等武器，支持抗美援朝前线。据有关数据统计，黔东南各族人民在抗美援朝运动中共捐款53亿元①，购置了多架战斗机和大炮。其中，黄平县的翻身农民甚至把过年猪卖掉来支援中国人民志愿军。

再如，全国各族人民为了支持抗美援朝运动，纷纷开展大生产，积极踊跃交纳爱国公粮，为抗美援朝的后勤保障工作做出了突出贡献。

综上所述，抗美援朝运动是一场由中国共产党领导的、各族人民积极参与的、维护民族团结和国家统一的运动。其中体现出来的坚持维护祖国统一和民族团结的精神是中华民族优秀爱国主义传统，也是新时代爱国主义精神的重要内容，坚持维护祖国统一和民族团结就是维护中华民族的根本利益。

（二）树立正确的民族观和国家观才能维护国家统一和民族团结

新时代的爱国主义者应树立正确的民族观和国家观，认同中华民族的民族观和马克思主义国家观。

1.树立正确的民族观

民族观在这里主要指人们对民族和民族问题认知的总和。树立正确的民族观有利于新时代中国人民正确把握民族问题和民族关系，自觉承担和履行维护民族团结的责任与义务。

中华民族是一个由多个民族共同组成的统一体。新时代中国人民应深刻认识到中国是统一的多民族国家的基本国情，深入了解和认识中华民族多元

① 中共黔东南州委党史研究室．中国共产党黔东南苗族侗族自治州历史：第一卷［M］．北京：中共党史出版社，2015：211．

一体的历史格局的形成与发展史。在面对具体问题时，要很好地贯彻“尊重差异，包容多样”的国家治理理念和国家发展理念，树立正确的民族观和历史观，增强对中华民族多元一体格局观的认同。

树立正确的民族观还要求新时代中国人民在充分认识各民族风俗习惯差异的基础上，尊重各民族人民的风俗习惯，更好地促进各民族间的交流与融合，维护中华民族内部的民族团结，在实践中不断巩固中华民族共同体意识。

此外，新时代中国人民树立正确的民族观还包括同一切民族分裂势力作斗争，认清民族分裂势力的反动本质，敢于同民族分裂行为作斗争，维护民族团结。在涉及具体问题时，不信谣，不传谣，不参与任何反动势力组织的违法犯罪活动，坚决捍卫民族团结、社会进步的繁荣局面。

2.树立正确的国家观

国家观在这里主要指新时代人们对国家及其相关重大问题的看法与认识。在新时代，人们树立正确的国家观有利于深刻、理智、正确地认识国家性质，正确看待国家发展、安全和统一等重大问题。

新时代人们坚持正确的国家观，首先应坚持和维护马克思主义国家观。马克思主义国家观是中国特色社会主义国家形成的基础。

其次，在新时代，人们应坚持国家利益至上的理念。对个人来说，国家不仅是地理意义上的概念，还是一个由地缘关系、血缘关系、社会政治经济文化关系等共同组织起来的人类命运共同体。国家在人类生活和工作中起着十分重要的作用：一方面，国家为人们的生存和发展提供必不可少的经济、政治和文化要素；另一方面，国家的命运与个人的命运密切相关。新时代的中国公民应正确认识国家在个人生存和发展中的重要作用，认识到国家利益具有全局性特点，高于一切利益，而个人利益与国家利益之间存在着唇齿相依、密不可分的关系，国家利益是个人利益实现的前提和基础，应坚持国家利益至上的理念，维护国家的根本利益。当个人利益与国家利益发生冲突时，我们应自觉维护国家利益。

最后，坚持正确的国家观，维护国家利益，就要坚决维护国家统一和国家安全。国家统一和国家安全是一个国家持续、稳定发展的基础，而国家的持续、稳定发展能够为个人创造良好的发展条件。因此，新时代爱国主义者必须坚决维护国家统一，反对任何形式的国家分裂行为，切实维护国家安全。

综上所述，新时代爱国主义者面对日益复杂的国际环境，应坚持树立正确的民族观和国家观，维护国家统一和民族团结，这样才能切实保障我国持续、稳定、健康发展，共同创造更加美好的未来。

四、坚持立足中国又面向世界

人类共同生活在同一个地球上，但由于人类所处的地域不同，在漫长的发展中形成了不同的民族和国家。这一客观事实决定了在同一个时空中生活的各民族和国家是一个你中有我、我中有你的命运共同体。近年来，随着经济全球化的快速发展，人类命运共同体的特征越来越鲜明。在构建人类命运共同体的前提下，任何国家的发展与进步均离不开其他相关联国家的支持，中国建设特色社会主义的伟大实践也是如此。

当前，中国正处于实现中华民族伟大复兴的关键阶段，国际社会的和平与稳定，各国人民的理解、支持与帮助是实现中华民族伟大复兴的关键。新时代的爱国主义者应充分认识到中国的命运与世界命运密切相关的事实，坚持立足中国又面向世界，在推动中国发展的同时，推动人类文明发展与进步。

（一）充分认识到中国命运与世界命运密切相关的事实

中国作为一个主权独立的国家，与世界各个国家之间存在着十分紧密的关系。

古代中国作为亚洲大陆的大国之一，长期位于亚洲大陆的中心，与周边小国之间保持着密切联系。近代鸦片战争以来，随着西方殖民帝国的兴起与扩张，中国长期实行闭关锁国政策导致生产力相对落后，被西方殖民帝国欺辱，沦为半殖民地半封建社会。之后，中华儿女经过百余年的斗争才建立了中华人民共和国，重新建立起主权独立的国家。

中华人民共和国成立后，以美国为首的西方帝国主义频繁插手我国邻国内战，并企图将战火蔓延至中国境内。对此，中国与西方帝国主义又开展了多次斗争，以确保新生的人民政权能够健康、稳定发展，并为推动世界和平、维护世界稳定做出了重大贡献。

以抗美援朝战争为例。抗美援朝战争是中华人民共和国成立后重要的巩固中国政权和维护世界和平的一场重要战争。抗美援朝战争是中国人民志愿军在朝鲜政府的请求下，出于人道主义精神和保家卫国意识而参与的战争。

抗美援朝战争中，中国人民志愿军进入朝鲜半岛作战，与朝鲜军民一起与以美军为首的“联合国军”进行战斗。抗美援朝战场十分艰苦，中国人民志愿军克服重重困难，以大规模的阵地战顽强坚守，最终粉碎了美国联军的进攻，迫使美国联军在停战协定上签字，朝鲜战争宣告结束。

在这场战争中，中国人民志愿军在帮助朝鲜人民保家卫国的过程中，与朝鲜人民结下了深厚友谊，为世界和平与稳定做出了巨大贡献。此外，在这场战争中，中国人民志愿军以大无畏的精神战胜了当时的世界头号强国——美国。这一战争后，中国的国际地位和声望空前提高，极大地增强了中国人民的自豪感和自信心。此次战争还有力地遏制了美帝国主义在亚洲的侵略和扩张势头，维护了亚洲地区乃至整个世界的和平与稳定，为中国的建设与发展赢得了相对稳定的和平环境。

从抗美援朝战争的国际意义可以看出，抗美援朝战争不但关系着中国自身建设和发展的安全性，而且具有较强的国际意义。

改革开放后，随着参与世界经济、政治和文化建设的事务越来越多，中国在世界各个领域中承担的责任越来越多，中国和世界的联系也越来越紧密。中国改革开放40多年的经验证明了中国的发展离不开世界，世界的发展也离不开中国。

（二）坚持弘扬爱国主义与扩大对外开放密切结合

爱国主义并非封闭的，对外开放也不是毫无底线和原则的开放，而是在维护国家利益和安全基础上的对外开放。爱国主义者应在充分保持中华民族自尊心和自信心的基础上，全力推动中国特色社会主义不断发展。

爱国主义自古以来就是中华民族的主旋律，中华儿女出于对国内大好河山的热爱，以及对骨肉同胞和历史文化的热爱和依恋，凭借自己的聪明才智与勤劳勇敢创造了博大精深的中华文明。中华文明诞生于中国大地，但并非局限于中国大地，它是在不断对外开放的过程中与其他文明相互交流、相互融合，从而不断丰富与发展的。

汉代，张骞曾两次出使西域，在与西域各民族进行文化交流的过程中将西域的葡萄、芝麻、苜蓿等物产带到汉朝，使中华文明获得了进一步丰富与发展的机会。除此之外，唐代疆域扩大吸引周边国家纷纷来朝、明代郑和下西洋等均进一步推动了中华文明的丰富与发展。

近代时期，面对“数千年未有之大变局”，中华儿女上下求索之余，积极学习西方先进的科学技术，将大量西方文明成果介绍到中国，进而推动了中西方文明的交流和发展。

改革开放40多年来，中国加强了与世界各国之间的联系，促进了中西方文明的进一步交流和发展，增强了与其他国家的合作，推动了全球经济、政治和文化发展。

新时代，中华儿女在进行中国特色社会主义建设、实现中华民族伟大复兴之际，更应坚持对外开放，学习其他国家的先进科学技术和先进的经营管理经验，以推动中国经济又好又快地发展。

在新时代对外开放过程中，中华儿女应坚持新时代爱国主义精神，在扩大对外开放的同时，高扬爱国主义旗帜，维护国家安全和国家利益。

近代以来，中华儿女在争取独立自主的过程中用实践证明，在加强国际文化交流的同时，只有不断发展和创新，走中国特色自主创新之路，大力发展核心技术，掌握发展竞争的主动权，才能推动中国文化不断发展，维护国家安全和国家利益。如果仅提倡扩大对外开放，不注重核心技术的研发，我国就无法自主研发国家核心技术，在国家发展的关键时刻和关键问题上就会遭遇“卡脖子”，从而对国家安全和国家利益产生巨大威胁。

综上所述，坚持新时代爱国主义精神必须坚持弘扬爱国主义和扩大对外开放相结合，在坚持不断扩大对外开放的同时，维护国家利益和国家安全。唯有如此，才能在经济全球化和多元化发展趋势日益鲜明的今天，不断推动中国稳定、健康发展。

（三）推动人类命运共同体的构建

中国与世界上其他国家共同生活在“地球村”中，而且近年来随着科技生产力的发展和经济全球化的发展，各个国家之间的联系越来越紧密。在这一背景下，单独关起门来谋求本国发展是不切实际的行为，只有对外开放，与世界其他国家携手发展，才能实现多国共赢的目标。当前，人类发展过程中面临着一系列挑战，这些挑战是人类命运共同体所面临的共同挑战，仅依靠一个国家或几个国家无法应对，必须全世界各个国家的人民联合起来，群策群力，同舟共济，权责共担，才能战胜挑战，谋求人类未来的长远发展。

改革开放以来，中国为维护世界和平、推动人类命运共同体的构建做出了诸多贡献。例如，推动“一带一路”建设，签署《巴黎协定》，积极为发展中国家提供援助，以真诚和平等的态度构建全球伙伴关系，等等。

在新时代，中国社会内部矛盾发生了重大变化，对中国社会的发展提出了一系列全新的挑战。中华儿女在应对挑战时，必须将爱国主义情怀与世界眼光结合起来，构建人类命运共同体，在此基础上促进中国梦与“世界梦”的有机统一，开阔国际视野。唯有如此，才能推动人类命运共同体的构建，才能促进中国梦的实现，才能推动人类社会的共同发展与进步。

第二节　新时代爱国主义精神的时代特征

新时代爱国主义精神的时代特征主要表现在民族性和世界性相统一、历史性和时代性并存、理论性和实践性相结合三个方面。

一、民族性和世界性相统一

新时代爱国主义精神具有民族性和世界性相统一的特征，这一特征主要体现在三个方面。

（一）新时代爱国主义精神具有民族性

民族与国家是两个不同的概念，两者不完全等同，即民族和国家是一对相伴而生又相互依存、互相发展的社会历史孪生体。其中，民族是国家形成、存在、发展的基础，国家在民族形成和发展的过程中则起到了较大的推动作用，两者之间存在密切而又错综复杂，互相影响而又互相促进的关系。总的来说，两者存在一定联系，又具有较大区别。

民族和国家两者均为人类发展到一定阶段的产物，两者均由原始部落发展而来，其中民族是以地域及其经济文化为基础形成的人类命运共同体，国家则是以地域、财产和社会制度为基础形成的地域组织。

民族和国家之间的联系主要体现在两个方面。

一方面，国家是以民族名义存在的权威组织。国家是一定民族内部一部分人对另一部分人的统治权力的象征，且是具有实质性的统治力量。[①] 从这一意义上看，国家为维护民族内部的稳定和发展提供了重要保障，是民族在阶级社会中得以存在和发展的重要条件。

另一方面，国家机器是解决民族之间矛盾和纷争的重要手段。当不同民族之间爆发激烈的矛盾和冲突时，军队、法律等国家机器往往成为解决民族纷争的重要手段。中国是一个拥有 56 个民族的统一多民族国家，在数千年的发展历程中，中国境内的各个民族统一构成了“中华民族”。新时代爱国主义精神倡导爱民族与爱国家的统一。这里的民族指包括中国各个民族在内的中华民族，倡导热爱中华民族和热爱中国特色社会主义国家的统一。

（二）新时代爱国主义精神具有世界性

新时代弘扬爱国主义精神需要具有较强的国际视野和开放的理念。新时代爱国主义精神诞生在全球化发展趋势日益明显的国际背景下，世界各国在构建人类命运共同体的同时，交流和交锋的领域不断扩大，综合国力之间的相互较量和竞争越来越激烈。

除此之外，国民素质和国民是否关注与参与国家的政治生活等内容成为全球国际竞争的关键。

在新时代，中国面临的国际环境决定了中国无法关起门来自行发展，中国必须积极融入国际社会，对外开放，参与国际竞争，从而在国际竞争中不断成长与发展。在实现新时代中国发展目标，实现中华民族伟大复兴的中国梦的过程中，中国只有坚持国际视野，积极融入国际社会，不断提升中国在国际社会中的地位和影响力，才能在国际社会上具有一定的发言权，也才能为中国在新时代的发展创造更好的外部环境。

在新时代，中国在积极融入世界发展趋势的过程中必须承担一定的国际责任。中国要将强烈的民族意识作为发展本国经济、提升本国综合国力的重要依托，在为本国人民谋福利，推动本国各项事业快速发展的同时，形成开放的理念和国际眼光，积极为世界各国谋发展，为世界人民谋求幸福。

纵观中华人民共和国成立以来中国国际地位的发展史，其在某种意义上

---

① 傅晓宇，王海稳．多维视野中的爱国主义内涵 [J]．学术论坛，2004（12）：53-55.

也是中国不断承担国际责任、为世界人民谋福祉的历史。例如，开展抗美援朝运动，为亚洲地区的和平与稳定做出了重大贡献；帮助第三世界国家发展经济、修桥铺路，为推动世界经济的复苏与发展做出了贡献；等等。新时代，全球人类面临的生态环境持续恶化，国际的局部冲突与摩擦不断，这些都要求爱国主义者在坚决维护本国权益的同时，观照其他国家的利益与诉求，从人类命运共同体的视角出发，积极参与国际事务，理性表达爱国主义情感，推动中国与世界各国共同进步与发展。

（三）新时代爱国主义精神是民族性和世界性的统一

进入21世纪以来，随着经济全球化的不断发展，世界各领域的发展呈现出打破传统的国家界限，出现利益共生群体，推动不同国家在各个领域的交往、交流和合作的趋势。这些变化在一定程度上拓展了新时代爱国主义精神的内涵和外延，呈现出民族性和世界性相统一的发展趋势。

二、历史性和时代性并存

爱国主义是一个历史概念，在不同历史时期有着不同的内涵和特点。由于爱国主义是中华民族的优良传统，新时代爱国主义不可避免地受传统爱国主义精神的影响，留下了爱国主义精神的历史印记；与此同时，新时代爱国主义精神在全新的国际和国内环境中形成，具有鲜明的时代性。因此，从这一视角看，新时代爱国主义精神呈现出鲜明的历史性和时代性并存的特点。

（一）新时代爱国主义精神的历史性印记

爱国主义是中华民族的优良传统。自古至今，爱国主义精神中留下了诸多积极正向的历史印记。例如，自力更生、艰苦奋斗的精神，反抗民族压迫、维护祖国统一的精神，等等。

其中，反抗民族压迫、维护祖国统一的精神始终贯穿于不同历史时期的爱国主义精神之中。古代反抗民族压迫、维护祖国统一的精神大多将爱国与忠君联系在一起。古代人民所维护的祖国大多是指一家一姓的封建专制王朝。例如，南宋文天祥在元军南下攻宋之际，散尽家财，招募士卒抗击元军，被俘后屡经威逼利诱仍誓死不屈，最后从容就义。文天祥所表现出来的反抗民族压迫、维护祖国统一的精神虽然具有一定的封建局限性，但仍然无损其民族英雄的本色。

近代，中华儿女面对西方帝国主义的殖民侵略所展现出来的反抗民族压迫、维护祖国统一的精神是在继承古代爱国主义精神的基础上对其进行的升华，即将忠君与爱国相分离，拯救民族于危亡之际，拯救同胞于水火之中，积极探索适合中国国情的救国道路，争取民族独立和人民解放，实现了从古代爱国主义精神向近代爱国主义精神的转变。

中华人民共和国成立后，反抗民族压迫、维护祖国统一的精神仍然存在于爱国主义精神之中，集中体现为中国边防科技的创新与发展以及抗美援朝运动。在抗美援朝运动中，中国人民在保卫本国领土安全、维护本国民族统一的基础上，充分发挥国际主义精神，赋予爱国主义精神以国际主义的内涵。

新时代爱国主义精神中同样包含反抗民族压迫、维护国家统一的精神。这一精神反映在坚持对外开放的同时，维护国家统一和民族团结，维护世界和平发展方面。

综上所述，爱国主义是一个历史范畴，具有一定的历史性印记。从这一视角看，新时代爱国主义精神具有较强的历史性特点。

（二）新时代爱国主义精神的时代性要求

爱国主义随着时代的发展而呈现出较强的时代性特点。在不同历史时期，爱国主义的内涵不同，这说明爱国主义精神具有时代性的特点。

古代爱国主义精神形成于封建专制制度下，存在大量忠君爱国的相关内容。这些内容体现了古代爱国主义精神的时代性特点。

近代爱国主义精神形成于中华民族危急存亡的关键时刻，当时晚清政府由于长期闭关锁国，本国生产力远远落后于西方资本主义国家。这一点从晚清政府和西方资本主义国家的军事力量对比中可以看出。晚清政府在鸦片战争前武器主要为长枪、大刀等冷兵器，没有枪、炮等武器，交通工具主要为马匹、船只。其中，船只大多为传统船只，没有装备近代化武器。而西方殖民统治者的主要武器为坚船利炮，在陆上交通方面已掌握铁路修建和火车制造的技术。由此可见，晚清政府的军事力量远远落后于西方殖民国家。在这一时代背景下，近代爱国主义精神体现出向西方学习近代科技文化（“师夷长技以制夷”）的时代特点。

现代爱国主义精神的形成和发展是在中华人民共和国的成立和建设期间。中华人民共和国是由中国共产党领导中国人民建立的社会主义制度国家。受这一时代背景的影响，现代爱国主义精神体现出爱国、爱党与爱社会主义相统一的特点。

新时代爱国主义精神是在人民内部矛盾发生重大变化、国际竞争日益激烈、经济全球化不断深化的时代背景下形成的，体现出民族性和世界性相统一的鲜明特点。由此可见，新时代爱国主义精神具有鲜明的时代性特点。

（三）新时代爱国主义精神的历史性和时代性并存的特点

不同时代的爱国主义精神的具体内容均体现出鲜明的时代性特点。尽管如此，爱国主义的核心、基本价值并不会因此而发生变化，而是呈现出一定的延续性特点。

任何时代的爱国主义精神均由传统爱国主义精神发展而来，在继承传统爱国主义精神核心特点和基本价值的基础之上，又被赋予新的时代内涵，是兼具历史性和时代性的爱国主义精神。新时代爱国主义精神也是如此。

明确了新时代爱国主义精神的历史性和时代性并存的特点之后，在弘扬新时代爱国主义精神时，不仅要继承和弘扬中华民族优良的爱国主义传统，还要充分考虑爱国主义的时代性特点，将中华民族优良的爱国主义传统与新时代爱国主义精神相结合，在社会实践中更好地传承和弘扬爱国主义精神。

三、理论性和实践性相结合

新时代爱国主义精神具有理论性和实践性相结合的特点。

（一）新时代爱国主义精神具有理论性的特征

爱国主义精神是在爱国主义情感之上经过不断总结与升华而形成的理论体系。国家是人类社会发展到一定历史阶段的产物，任何人类个体均生活在特定的国家之中。个人在生存和发展中充分感受到国家所创建的生存和发展环境，从而对所在国家产生了一种原始的、朴素的、零碎的、偶然的或具体的情感，这些情感中蕴含着个人对所在国家的依赖之情、感激之情、维护之情等。这些情感经过有关学者的系统梳理，逐渐形成了系统性的、整体性的、理性的爱国主义理论。此后，经过一代代仁人志士和思想家的不断深化、研究和阐释，爱国主义精神的理论体系越来越成熟。

以现代爱国主义精神为例。中华人民共和国成立后，中国人民开展了一系列伟大的社会主义实践，并在这些实践过程中充分感受到了祖国一天天强大起来，一步步走向世界中心，综合国力越来越强，在国际上的影响力越来越大。一批现代中国学者在对古代爱国主义精神、近代爱国主义精神进行总结的基础上，结合现代爱国主义实践对现代爱国主义精神进行了理论性总结，使现代爱国主义精神的理论体系逐渐健全，成了现代爱国主义行动的重要指导思想。

新时代爱国主义精神是在新时代背景下形成的，是对传统爱国主义精神的理论升华，体现出强烈的理论性特点，对新时代爱国主义实践活动有着重要思想指导作用。

（二）新时代爱国主义精神具有实践性的特征

任何时期的爱国主义精神均必须与爱国主义实践相结合，并对爱国主义实践进行指导，才能赋予爱国主义精神以生命活力和时代活力。爱国主义精神一旦与本民族的经济社会实践相脱离，再优秀的爱国主义精神也会成为无源之水、无本之木。由此可见，爱国主义实践是爱国主义精神得以持续、长久发展的根本所在。新时代爱国主义精神也是如此。新时代爱国主义精神的实践性特征主要表现在两个方面。

一方面，新时代爱国主义精神是在实践中形成和发展的。

任何时代的爱国主义精神均需要爱国主义实践活动的支撑，新时代爱国主义精神是在爱国主义实践活动中形成和发展起来的。新时代国内外环境的变化使爱国主义者在实践活动中自觉地生发出新时代爱国主义情感。例如，随着我国实力的不断提升，我国公民的民族自豪感和民族自信心逐渐增强，对党、国家和社会主义的热爱之情空前强烈，并自觉在行动中践行社会主义伟大复兴的中国梦思想。在此实践基础上，所生发出来的新时代爱国主义情感经过理论升华之后即形成了新时代爱国主义精神。

另一方面，新时代爱国主义精神实践活动能够丰富爱国主义精神内涵。

爱国主义精神可以对爱国主义实践进行指导，爱国主义实践则可以不断丰富爱国主义精神内涵。新时代爱国主义实践活动是中国公民在新的时代环境下，为实现中华民族伟大复兴的中国梦而不断奋进的实践活动。在这些实践活动中，中国公民一方面要应对国内社会主要矛盾变化的新挑战，推动社会经济的快速、稳定和健康发展；另一方面，要直面国际环境新变化带来的机遇和挑战。在具体实践过程中，中华儿女所表现出来的爱国主义情感、爱国主义实践活动等均能够起到丰富新时代爱国主义精神内涵的重要作用。

（三）新时代爱国主义精神理论性和实践性并存的特点

任何时代的爱国主义精神均具有理论性和实践性并存的特点，新时代爱国主义精神也不例外。理论是实践的基础，是对实践的升华和总结；实践是检验理论的具体活动，能够促进理论不断完善与发展。

新时代爱国主义精神是中华民族爱国主义传统在新时代的延续。只有以新时代爱国主义精神理论为指导，投入中国特色社会主义建设的伟大实践之中，确保新时代爱国主义精神的理论和实践相互结合、良性互动，才能不断巩固、发展、深化和完善新时代爱国主义精神。

第三节 新时代爱国主义精神的伟大意义

中华民族的爱国主义传统源远流长，贯穿于中华民族数千年的历史发展之中，是将中华儿女凝聚在一起的巨大向心力。不同时期的爱国主义呈现出既一脉相承，又不断丰富和发展的特点。新时代爱国主义精神是新时代形成和发展起来的爱国主义，与新时代中国社会内部矛盾的转变息息相关，更加适应中国内外部环境的发展。新时代爱国主义精神的提出具有伟大的理论意义和实践意义。

一、新时代爱国主义精神的理论意义

新时代爱国主义精神并不是凭空产生的，而是在新的历史条件下，在吸收了传统爱国主义精神的基础之上形成的。新时代爱国主义精神的提出和发展具有十分深刻的理论意义，主要体现在以下三个方面。

（一）新时代爱国主义精神深化了爱国主义的内涵

新时代爱国主义精神是我国改革开放发展至新的阶段后，应对我国社会内部矛盾变化以及现阶段国际社会复杂环境的理性思考。新时代爱国主义精神将中国传统爱国主义思想与中国特色社会主义道路相结合，在实现中华民族伟大复兴的中国梦目标路上最大限度地凝聚民心，积聚力量，形成了应对国内外新环境挑战的思想理论体系。新时代爱国主义思想理论体系的形成与发展极大地拓展和深化了中国传统爱国主义的时代内涵。

1.明确了新时代爱国主义精神的核心主题

爱国主义作为一个历史范畴，在不同历史时期的核心主题不尽相同。只有明确了新时代爱国主义精神的核心主题，才能充分发挥爱国主义精神的核心凝聚力，才能将全国人民的力量、智慧集中在一起，为新时代爱国主义精神的伟大实践的开展提供理论指导。

新时代爱国主义精神的核心主题是实现中华民族伟大复兴的中国梦，这一核心主题始终贯穿于中华民族数千年的发展史中，体现了中华儿女自强不息、勇往直前的奋斗底色，也体现了新时代爱国主义实践的成果。中华民族伟大复兴的中国梦不是空洞的口号，而是与新时代中国特色社会主义实践息息相关的。

新时代中国社会的主要矛盾变为人民日益增长的美好生活需要和不平衡不充分的发展之间的矛盾。新时代爱国主义精神贯穿于这一矛盾的解决之中，体现在人民群众为了美好幸福的生活而不断奋斗的过程之中。新时代爱国主义精神的核心主题揭示了中华儿女在新时代的奋斗并非为了个人或某个社会群体，而是为了整个国家与人民。只有国家、民族和人民三者相互协调，和谐发展，才能为中华民族伟大复兴的中国梦的实现提供良好的社会基础。

新时代爱国主义精神的核心主题体现了中华民族深厚的家国天下情怀。中国传统文化中倡导修身、齐家、治国、平天下，将爱国与爱家以及维护天下和平统一起来。新时代爱国主义精神倡导将家庭梦、民族梦和国家梦统一起来，以最大限度地激发公民的责任感和使命感，凝聚全体中华儿女的力量，推动中华民族伟大复兴的中国梦早日实现。

2.明确了新时代爱国主义精神的核心本质

新时代爱国主义精神是对地理意义上的国家情怀和血缘意义上的文化习俗的认同，更是在此基础上对国家、政党和社会主义的认同与热爱。其坚持爱国、爱党和爱社会主义三者的协调统一，明确并揭示了新时代爱国主义精神的核心本质。

新时代爱国主义精神的核心本质是新时代爱国主义精神生命力之所在，也是新时代爱国主义精神区别于其他各种形形色色爱国主义精神的根本。中华人民共和国自成立初期就确立了社会主义制度，数十年的发展实践证明，只有将爱国、爱党和爱社会主义三者统一起来，才能推动国家繁荣稳定发展，确保人民幸福安康。从中国百来年的实践看，新时代爱国主义精神的核心本质既是建党以来的爱国主义思想的深刻总结，又为未来爱国主义精神的发展提供了理论支撑。

（二）新时代爱国主义精神推动了传统爱国主义的创新性发展

新时代爱国主义精神是在传统爱国主义精神的基础之上形成的，借鉴和吸纳了传统爱国主义精神的精髓，并在传统爱国主义精神的基础上进行发展和创新。

文化是一个国家、一个民族的灵魂，中华优秀传统文化中蕴含着丰富的爱国主义思想，这些爱国主义思想是新时代爱国主义精神的文化之基、精神之源。例如，“天下兴亡，匹夫有责”“捐躯赴国难，视死忽如归”“人生自古谁无死，留取丹心照汗青”“先天下之忧而忧，后天下之乐而乐”等优秀的传统文化是新时代爱国主义精神的根基，蕴含着深厚的爱国主义情感。这些朴素的爱国情感是新时代爱国主义精神的重要组成部分，也是培育新时代爱国主义精神的宝贵资源，更是推动国家进步和民族发展的无价瑰宝。

新时代爱国主义精神在汲取中华优秀传统文化时，并未一味遵古，而是在重视传统文化的同时，结合时代背景不断创新，使新时代爱国主义精神呈现出了强烈的创新性特点。

具体来说，新时代爱国主义精神的创新主要表现在两个方面。

一方面，新时代爱国主义精神在中华传统文化中的“家国天下”方面进行了创新。

中华传统文化中的“家国天下”主要指“修身、齐家、治国、平天下”，这一理念体现了封建专制时期中华儿女对个人修养的追求以及“家国天下”的理想。这一时期的“国家”“天下”与封建君主存在着千丝万缕的关系。

新时代爱国主义精神在继承中华优秀传统文化的基础上，对传统“家国天下”的精神进行创新，并应用到对中国梦“家族梦”“个人梦”的阐释之中，将中国梦与爱国主义思想联系起来。

另一方面，新时代爱国主义精神在中华传统文化中的“协和万邦”理念方面进行了创新。

“协和万邦”理念出自《尚书·虞书·尧典》，原文为“克明俊德，以亲九族；九族既睦，平章百姓；百姓昭明，协和万邦”。其中，“邦”在古代指诸侯的封国。“协和万邦”理念受时代的较大影响，所针对的对象为君主和诸侯国。新时代爱国主义精神中继承了这一理念，并将这一理念运用到构建人类命运共同体的伟大实践中，为实现伟大复兴的中国梦而不断积聚力量。

综上所述，新时代爱国主义精神与中华优秀传统文化中的爱国主义精神一脉相承，并且推动了传统爱国主义精神的创新性发展。

（三）新时代爱国主义精神开创了爱国主义和国际主义相结合的新范例

新时代爱国主义精神在立足国家和民族的同时，放眼整个人类，将爱国意识与全球责任结合起来，以深沉的民族情怀和世界担当提出了构建人类命运共同体的倡议，开创了爱国主义和国际主义相结合的新范例。

中华优秀传统文化中包含“以和为贵”的思想，将“天下大同”作为政治目标，追求国家统一、社会稳定、人民安居乐业的良好局面。中国特色社会主义新时代在全新的国内外形势之下，继承与发展了“以和为贵”的思想，将传统的爱国主义思想与全球责任相结合，放眼人类，提出了构建人类命运共同体的倡议。

人类命运共同体是指世界上各民族、各国家之间休戚与共、同呼吸、共命运，应齐心协力，共同面对世界上的各种风险与挑战，共同维护和享受繁华发展的美好局面。构建人类命运共同体，要求中国人民与世界各国人民为了建设一个和平、长久、安全、繁荣、包容、开放、清洁、美丽的世界环境而不懈努力。构建人类命运共同体的美好理念要求世界上各国家之间以及民族之间相互尊重、相互信任，坚持公平和正义，秉持合作共赢的精神，进而形成共享正义尊严、共享发展成果、共享安全保障的稳定局面。

构建人类命运共同体的倡议是新时代中国对全球局势、世界各国利益和人类命运的深刻思考，兼具中华民族伟大的民族情怀和对整个人类世界的担当。

构建人类命运共同体的倡议获得了世界各国的普遍认同，并被写入联合国文件，从理念一步步转化为行动，在世界上产生了十分深远和广泛的影响。构建人类命运共同体的倡议聚焦现阶段世界的和平与发展趋势，极大地促进了世界各国的发展，推进了全球治理，开创了中国特色社会主义新时代中华传统爱国主义与国际主义融合发展的全新范例。

二、新时代爱国主义精神的实践意义

新时代爱国主义精神的提出不仅具有重要的理论意义，还具有十分重要的实践意义。

（一）新时代爱国主义精神有助于推动中华民族伟大复兴的中国梦的实现

中华民族伟大复兴的中国梦是百余年来无数中华儿女前赴后继、一往无前的伟大夙愿，也是中华民族的共同理想和价值追求。近代以来，中华民族备受西方殖民侵略者的欺凌，一度面临亡国灭种的危局。数代中华儿女在爱国主义的推动下，自发寻梦、追梦，推动中华民族不断觉醒，促使一个个中华儿女团结起来，凝聚成坚不可摧的力量，唤醒昏睡的中国，激发了中华民族强大的爱国主义忧患意识，促使无数有识之士睁眼看世界，探寻救亡图存、富国强兵之路。

从主张“师夷长技以制夷”的魏源到曾国藩、李鸿章、左宗棠和张之洞等洋务派人士，以及谭嗣同等革命志士，他们均力图寻找一条拯救民族、振兴中华之路，但由于历史局限，这些爱国主义实践活动一一失败。经过无数中华儿女的流血牺牲，中国人民终于认清晚清政府无法救中国的事实。在中华民族传统爱国主义精神的驱使下，中国人民发起辛亥革命，推翻了腐朽的封建王朝，建立了民主主义国家。

由于辛亥革命的不彻底性，虽然清王朝已不存在，但是压在人民头上的封建主义、帝国主义和资本主义“三座大山”依然存在，中华儿女仍然在为中华民族的崛起而上下求索。俄国十月革命的胜利引起了中华民族革命志士的关注，中华民族迎来了新的希望。一大批具有前瞻意识的中华儿女纷纷以马克思主义为指导在中国开展新的中华民族伟大复兴的实践。经过无数中华儿女的流血牺牲，中国人民终于在马克思主义的指导下，在党的正确领导下，推翻了压在人民头上的“三座大山”，建立了中华人民共和国。

中华人民共和国成立后，中华儿女齐心协力建设中国，走出了一条具有中国特色的社会主义之路，取得了累累硕果，谱写了一曲波澜壮阔、气吞山河的爱国主义壮丽赞歌。进入新时代后，中华儿女站在中华民族伟大复兴的中国梦的新起点，比过去百年来更加接近中华民族伟大复兴中国梦的实现，也更有信心和能力实现这一宏伟目标。

新时代，中华儿女面临着国内主要矛盾的变化以及更加复杂的国际环境。在实现中华民族伟大复兴的中国梦的历程中，只有坚持新时代爱国主义精神，才能将全体中华儿女凝聚在一起，才能应对中国梦实现过程中的种种挑战。因此，在中华民族伟大复兴的中国梦的追梦、圆梦过程中必须将爱国主义和实现中国梦紧密联系在一起，以新时代爱国主义精神为指导，大力弘扬新时代爱国主义精神。唯有如此，才能激发中华民族强大的凝聚力，才能实现中华民族伟大复兴的中国梦。

（二）新时代爱国主义精神有利于引导个人的爱国主义实践

新时代爱国主义精神不是空洞的口号和抽象的概念演绎，而是中华儿女在建设中国特色社会主义的过程中用奋斗书写而成的爱国主义实践的总结，为新时代爱国主义实践指明了方向。具体来说，新时代爱国主义精神要求中华儿女在践行爱国主义精神的过程中做到以下几个方面。

1.用实际行动维护国家利益

爱国主义的本质即维护国家利益，新时代爱国主义精神要求中华儿女正确认识个人与国家之间的关系，明确国家利益与个人利益紧密相连、相互依存、辩证统一的关系。明确了这一点后，中华儿女还必须在实践中切实维护和捍卫国家的核心利益。

例如，抗美援朝时期，中国人民志愿军在国家主权和边境安全受到威胁时勇敢地跨过鸭绿江，进行保家卫国、抗美援朝战争。在抗美援朝战争中，中国人民志愿军从国家整体利益出发，不计个人牺牲，以鲜血甚至生命维护集体利益和国家利益；国内人民则在并不富裕的情况下捐款捐物，增产节约，用实际行动支持抗美援朝战争。正是因为全国人民团结一致，将国家利益放在首位，所以最终取得了抗美援朝战争的胜利。

新时代，中华民族面临着更加复杂的国内外发展形势，在追逐中国梦、实现中国梦的过程中，中华儿女在社会主义建设实践中只有时刻将国家利益放在首位，维护国家利益，才能最终战胜一切困难，实现中华民族伟大复兴的中国梦。

2.做好本职工作，助力国家发展

中华民族伟大复兴的中国梦是一个伟大的系统工程，在中华民族伟大复兴的中国梦的实践过程中，不仅需要无数中华儿女在国家危亡时刻奋不顾身，还需要中华儿女在日常学习和工作中多努力。

以抗美援朝为例。在抗美援朝战争中，中国人民志愿军在战场上直面敌人的炮火，为了寸土与敌人展开浴血奋斗。在国内，无数中华儿女在本职工作中兢兢业业，改革生产方法，促进生产力发展，以为前线的中国人民志愿军提供充足的后勤物资，保障了战争的最终胜利。由此可见，抗美援朝战争的胜利离不开中国人民志愿军这支英雄部队，更离不开英雄的中国人民。

中华民族伟大复兴的中国梦的实现也是如此，需要每一个中国人的力量。新时代爱国主义精神指引中华儿女从身边的小事做起，脚踏实地，将个人的前途命运与国家和民族的前途命运紧密相连，在各自的工作岗位上和生活中尽其所能地贡献智慧与力量，以实现中华民族的伟大复兴。

（三）新时代爱国主义精神有助于引领人们走出爱国主义实践误区

新时代爱国主义精神中明确指出爱国主义的本质是坚持爱国、爱党与爱社会主义的高度统一，为引领人们走出爱国主义实践误区提供了思想指导。

在社会主义实践中，一些人打着爱国主义的旗号，将爱国主义与狭隘的民族主义联系起来，甚至提出“爱国不爱党”“爱国不爱社会主义”等谬论。

这些错误言论不仅不利于维护国家统一和民族团结，还会割裂党和人民、国家的关系，割裂国家与社会主义的关系。新时代爱国主义精神为粉碎这些错误言论，引领人们走出爱国主义实践误区提供了精神指导。

第四章 新时代爱国主义精神培养的价值和意义

弘扬爱国主义就要不断增强对伟大祖国、中华民族、中华文化、中国共产党、中国特色社会主义的认同。

——习近平

第一节　新时代爱国主义精神培养的时代背景

改革开放以来，随着我国经济、文化等各项事业的发展，中国综合国力大幅度提升，使中国特色社会主义进入了新时代。新时代，中国在制度建设、经济、文化、技术等方面取得了一系列丰硕成果，新时代爱国主义精神的培养面临新的时代背景。本节主要对新时代爱国主义精神培养的时代背景进行详细分析。

一、新时代爱国主义精神培养的机遇

新时代爱国主义精神的培养面临着良好的时代机遇，主要表现在以下几个方面。

（一）新时代爱国主义精神培养有着完善的制度保障

中国特色社会主义进入发展新时代，中国国内建立了愈加完善的制度，为新时代爱国主义精神的培养提供了坚实的制度基础。

在新时代，中国的民主法制制度进一步发展和完善。中国特色社会主义最本质的特征是坚持中国共产党的领导，不断提升社会主义制度的优越性，完善我国各项法律法规建设。

近年来，随着我国依法治国进程的快速发展，我国各项法律法规制度逐渐完善和健全，尤其是有关爱国行为的法律法规不断朝着规范化和制度化的方向发展，使中国公民的爱国主义行为有法可依、有章可循。随着我国民主法制建设的日益完善，我国公民参与政治建言的渠道更加多元化，利益表达机制更加畅通，为我国公民新时代爱国主义精神的培养奠定了良好的制度基础。

中国特色社会主义建设确立了以人民为中心的发展理念，这一理念为我国新时代爱国主义精神的培养提供了重要的制度导向。以人为本、以人民为中心是中国各项事业发展的基本原则。中华人民共和国成立初期就确立了人民的主体地位，建立了人民当家做主的社会主义制度。中华人民共和国成立以来，我国社会主义建设始终坚持以人民为中心的发展思想，走群众路线，并且将这一思想贯穿于治国理政的全过程，极大地提升了中国公民的民族凝聚力、民族自豪感，为新时代爱国主义精神的培养奠定了良好的群众基础。

新时代，中国特色社会主义建设面临着一系列新挑战。例如，在全面深化社会主义改革过程中既要聚焦发展问题，又要关注公平问题，还要突出对人民利益的关切，而国家治理制度的完善为国家治理能力的提高、新时代中国公民的爱国主义实践活动的进行扫除了障碍，有利于培养中国公民的新时代爱国主义精神。

（二）新时代爱国主义精神培养有着坚实的物质基础

改革开放 40 多年来，我国人民凭借着自己的勤劳、智慧为新时代爱国主义精神的培养奠定了坚实的物质基础。尤其是近年来，随着中国供给侧改革的推进，我国在经济领域取得了重大成就。经济发展为国家的总体战略规划的落实提供了有力保障，也为新时代爱国主义精神的培养奠定了坚实的物质基础。

1. 高科技信息技术的发展为新时代爱国主义精神的培养奠定了技术基础

21 世纪以来，随着中国信息技术的不断发展，中国的网络信息技术获得了较大发展。尤其是近年来，我国致力建设科技强国、网络强国和数字强国，不断推动科技生产力的发展，取得了一系列重大技术成果。这些技术成果为我国的创新型国家建设提供了技术保障，也为新时代爱国主义精神的培养奠定了坚实的技术基础。

随着互联网信息技术的发展，中国已建立起相对完善的各级各类网络信息传播渠道。新时代爱国主义精神的培养离不开行之有效的新时代爱国主义精神传播渠道和对新时代爱国主义实践活动的宣传。而互联网信息技术的发展打造了一系列新型网络信息传播平台，这些信息传播平台不仅具有传播速度快、内容海量的特点，还能够借助特有的技术手段加强信息过滤，引导舆论走向，从而为新时代爱国主义精神的传播提供更好的技术支持。

2. 中国特色社会主义建设成就为新时代爱国主义精神的培养奠定了动力基础

改革开放以来，中国特色社会主义建设方面取得了累累硕果。从生态环境建设方面看，我国推出了一系列治理环境污染、保护生态环境的举措，其中包括加大环境污染的控制和治理力度，加强退耕还林、草场建设、流域综合治理力度，加大天然林保护力度，大力推动荒漠治理工作，等等。经过数十年的努力，我国生态环境治理已取得了初步成果，无论城市居民环境还是乡村环境均得到了较大改善，极大地提升了我国公民在环境治理方面的自信心和自豪感。

除了生态环境建设方面的成就外，我国在民主法治、公平正义、国家安全、社会文明等各个领域均取得了一系列令世界瞩目的成就。这些成就有力地提升了中国的综合国力，提升了中国公民的凝聚力，激发了中国公民的爱国主义情感和国家认同感，为新时代爱国主义精神的培养奠定了动力基础。

3. 新时代社会公共安全体系的完善为新时代爱国主义精神的培养创造了良好的社会环境

公共安全是指社会发展和公民个人正常生存和发展所需要的稳定的外部环境和秩序。社会公共安全体系建设属于社会治理范畴。改革开放以来，尤其是进入新时代以来，我国国家治理体系不断完善，社会公共安全体系建设取得了较好的成果，有效地保护了人民群众的生命财产安全，极大地提升了中国公民的获得感、幸福感和安全感。

新时代社会公共安全体系的完善为新时代爱国主义精神的宣传和培养创造了良好的社会环境，有利于引导中国公民进行新时代爱国主义精神实践活动，并在实践中提升新时代爱国主义精神素养。

（三）新时代爱国主义精神培养有着丰富的精神资源

进入新时代以来，中国在文化发展方面取得了一系列成就，为新时代爱国主义精神的培养提供了丰富的精神资源，奠定了良好的文化基础。

1. 马克思主义中国化研究的理论成果为新时代爱国主义精神的培养奠定了精神根基

改革开放以来，中国结合本国国情以及所处的时代背景，不断进行马克思主义理论实践，逐渐形成了中国特色社会主义的国家观等相关理论，推动了马克思主义的中国化发展以及成熟的爱国主义理论体系的形成。党的十八大以来，随着中国特色社会主义进入新时代，我国的马克思主义中国化研究的理论成果进一步丰富，为新时代爱国主义精神的培养奠定了良好的理论基础和精神根基。

2. 中华优秀传统文化为新时代爱国主义精神的培养提供了丰富的精神滋养

中华优秀传统文化博大精深，影响深远，其中蕴含着丰富的爱国主义思想。新时代爱国主义精神是在继承古代爱国主义精神、近代爱国主义精神、现代爱国主义精神的基础上形成的，其中蕴含着中国传统爱国主义内涵。除此之外，新时代爱国主义精神内涵中的许多因素可以追溯至中华优秀传统文化。

例如，新时代爱国主义精神强调国家安定、社会和谐的思想即可追溯至古代“和合”文化思想。又如，新时代爱国主义精神中的保家卫国、维护国家统一和民族团结的思想与中国传统爱国主义思想一脉相承。从这一视角可以看出，中华优秀传统文化中蕴含着丰富的新时代爱国主义精神特质，为新时代爱国主义精神的培养提供了丰富的精神滋养。将中华优秀传统文化纳入新时代爱国主义精神教育中，有利于培养中国公民的新时代爱国主义精神。

3. 中国特色革命文化为新时代爱国主义精神的培养提供了丰富的素材

近代以来，中华儿女在救亡图存、富国强兵的道路上不断探索，以大无畏的革命精神与一切反动势力进行斗争，创造了丰富的革命文化。这些革命文化既是爱国主义精神形成的理论基础，又是爱国主义教育的红色资源。

以抗美援朝为例。抗美援朝战争是中国人民为了保护国土安全、巩固新生的人民政权，充分发扬国际主义精神的战争。在这次战争中，中国人民志愿军在朝鲜战场上与以美国为首的帝国主义进行了艰苦卓绝的战斗。抗美援朝战争中涌现出了一批又一批英雄战士，他们在恶劣的自然条件下，在敌我双方武力差距巨大的形势下，以坚强的毅力和不畏强敌、不怕牺牲的精神创造了一个又一个战场奇迹。最终经过三年多的浴血奋战，中国人民志愿军取得了抗美援朝战争的伟大胜利。抗美援朝战争中涌现出来的一个个生动的爱国主义事迹是革命者践行爱国主义精神的伟大实践，也是中国特色革命文化的重要组成部分。

这种中国特色革命文化深深地刻印在中华民族的历史丰碑中，是中华民族的重要养分，任何时候均不过时。新时代爱国主义精神汲取了中国特色革命文化的营养，中国特色革命文化则为新时代爱国主义精神的培养提供了丰富的素材，在新时代仍然指引着中国人民不断奋斗、勇敢向前。

二、新时代爱国主义精神培养面临的挑战

新时代爱国主义精神培养还面临着一系列挑战，主要表现在以下几个方面。

（一）部分群众对新时代爱国主义精神的理解不正确、态度不端正

1. 对新时代爱国主义精神的理解狭隘化

这里所指的对爱国主义精神理解狭隘化即在理解新时代爱国主义精神时放弃了唯物主义辩证法的观点，而以狭隘、片面的思维理解爱国主义精神。新时代爱国主义精神理解狭隘化主要表现在三个方面。

其一，站在民族沙文主义立场理解新时代爱国主义精神。

民族沙文主义者认为中华文化是世界上唯一优秀的文化，其他民族的文化则毫无值得借鉴之处。这种狭隘的民族沙文主义罔顾世界文化多元化的事实，在经济全球化的今天依然沉迷在封建社会“天朝上国”的迷梦中，对其他国家和民族的文化进行恶意批判，对反对者乱扣“叛国者”“卖国贼”的帽子，严重违反了新时代中国倡导的外交原则，片面地、狭隘地理解新时代爱国主义精神。

其二，借爱国之名谋取私利。

现阶段，社会上存在着一些狭隘的民族主义者，在新时代我国大力倡导爱国主义精神之际，借爱国之名鼓动他人盲目崇拜传统文化中的糟粕。他们从个人私利出发，为了宣泄个人不良情绪，对其他国家文化进行盲目批判。例如，阻止他人学习外语，兜售与传统文化糟粕相关的文化商品或实体商品等。这类行为无疑将新时代爱国主义精神极大地狭隘化了。

其三，人为割裂爱国、爱党和爱社会主义的关系。

新时代爱国主义精神的本质是爱国、爱党和爱社会主义，而一些人民群众受不良思想的影响，存在“爱国不爱党”等错误观点，忽视了爱国主义的具体性和现实性概念，违背了马克思主义的立场和观点。这种论调背离了以全面、发展、联系的眼光看待爱国问题的思路，属于故意狭窄化爱国主义精神范畴的行为。

2.新时代爱国主义态度模糊化

新时代爱国主义态度模糊化主要指社会中有一小部分人从获得自身利益的角度出发，在公共生活和私下表现出两种态度。这些人在社会公共生活中秉持热爱祖国、忠于党、忠于人民的态度，而在公共生活之外秉持不爱国、不爱党、一切为了私利的态度。这两种截然相反的态度彰显了社会上一小部分群体虚伪、一切为了私利的真面目，他们属于精致的利己主义者。这些人平时表现出来的爱国主义行为是一种为了获得个人利益的伪装，一旦达成目的后，立刻会撕破伪装，甚至公开发表叛国言论。这部分人虽然只是人民大众中的一小部分，但是无异于害群之马，在新时代爱国主义培养中应仔细甄别，警惕爱国主义“两面人”的存在，纠正新时代爱国主义态度模糊化的倾向。

3.新时代爱国主义实践的口头化倾向

新时代爱国主义精神的培养离不开新时代爱国主义实践活动。新时代爱国主义实践活动既是落实新时代爱国主义精神的基础，又是丰富新时代爱国主义精神的重要途径。

新时代爱国主义实践存在口头化倾向。新时代爱国主义实践的口头化倾向即公民在口头上高呼爱国主义，标榜自己的爱国主义者身份，然而在生活中盲目推崇外国奢侈品，排斥、贬斥本国商品，对我国国有商品的发展视而不见。

除此之外，在社会中存在一部分群体口头上高喊爱国，却出于个人利益的考虑，将非法攫取的财产转移至国外。这些行为均属于新时代爱国主义实践的口头化倾向。

任何时代的爱国主义精神均不是抽象的、纯粹思维性的，新时代爱国主义精神也是如此。只有在实践中一点一滴地践行爱国主义精神，才能真正认同新时代爱国主义精神，将新时代爱国主义精神内化为公民的道德规范，使公民自觉践行新时代爱国主义精神。因此，在新时代爱国主义精神培养中应克服新时代爱国主义实践的口头化倾向，纠正爱国主义知行分离的问题。

（二）新时代爱国主义教育的完善体系还未形成

随着经济全球化发展的日益深化，我国改革开放逐渐扩大和深化，西方各种思潮和观念进入我国，对我国公民的民族国家意识产生较大冲击，从而影响到了我国公民正确的国家观、民族观的形成，影响到了新时代爱国主义教育效果。

正确的民族观和国家观的树立是本国公民对本国的历史、文化、国情产生基本而正确的认识和理解的关键，也是促进本国公民逐渐对本国产生国家主人翁责任感、自豪感和归属感的关键。

中国特色社会主义进入新时代以来，随着经济全球化进程的推进，世界各国和各民族之间的交流和合作越来越多，交往日益密切，各国和各民族之间相互依存的程度也在不断加深，这在一定程度上模糊了国家的概念，对民族国家意识产生了较大冲击。一些别有用心的西方政客鼓吹"国家主权无能论""国家主权过时论""国家主权弱化论"等思想，将爱国主义定义为狭隘的、不符合经济全球化时代发展趋势的民族主义。而我国青少年由于心理发展还未完全成熟，易受西方错误思想的影响，产生错误的国家观、民族观，这不利于青少年民族责任感和爱国主义情感的培养。

我国是一个十分注重爱国主义教育的国家，然而面对经济全球化带来的西方思想冲击，暂时还未形成完善的新时代爱国主义教育体系，尤其是青少年的爱国主义教育体系在一定程序上缺乏实效性、层次性、针对性，给新时代爱国主义教育带来了一定挑战。

（三）新时代爱国主义教育载体存在一定缺陷

无论哪个时代的爱国主义教育均需借助一定的教育载体才能实现，新时代爱国主义教育也不例外。

当前，随着科技的进步，爱国主义教育载体呈现出多元化的特点，形成了图片、报刊、书籍、影视、网络等多元化教育载体。然而，在教育实践中，爱国主义教育载体所取得的实际效果并不理想，与新时代爱国主义教育的实际需求不匹配，存在着教育载体陈旧、缺乏创新的现象，在一定程度上影响了新时代爱国主义教育的效果。

以青少年爱国主义教育为例。现阶段，青少年爱国主义教育的主要开展方式为传统课堂爱国主义教育，还有参观教育、报告讲座以及知识竞赛、演讲、写作、合唱等教育方式。这些教育方式大多较为传统和老套，爱国主义教育的内容缺乏创新和针对性。青少年喜爱的重大节庆活动和网络媒体两种载体方式则未被充分采用。

此外，近年来，爱国主义主题的书籍、影视作品等日益增多，然而这些爱国主义教育资源并没有被纳入现有的爱国主义教育载体之中，或已被纳入但没有引起教育者的重视，未发挥出其应有的教育效果。

综上所述，新时代爱国主义精神的培养虽然面临着很多机遇，但是也存在一定的挑战。只有充分了解新时代爱国主义精神培养的机遇和挑战，才能更好地传播新时代爱国主义精神，增强新时代爱国主义精神的培养效果。

第二节　新时代爱国主义精神培养的时代条件

现阶段，随着我国科学技术的不断进步，人们的生活水平不断提高，这为新时代爱国主义精神的培养提供了新的时代条件。本节主要对新时代爱国主义精神培养的时代条件进行详细分析。

一、新时代爱国主义精神传播媒介的多样化

21 世纪以来，随着网络信息技术和通信技术的发展，社会大众传播媒介的种类越来越丰富，除了广播、电视、报刊等传统媒介之外，还出现了网络传播媒介以及以网络传播为基础的新媒体传播媒介。

新时代爱国主义精神的传播媒介按照传播技术可划分为两种类型：一是传统大众传播媒介；二是网络传播媒介。

（一）传统大众传播媒介

传统大众传播媒介主要包括广播、电视、报刊、书籍、影视等类型。

1. 广播

广播作为传统大众传播媒介，具有覆盖人群广泛、接收便利、感染力强等优点。其缺点是以音频传播为主，信息具有不可视化特点。

2. 电视

电视自诞生起就受到世界各国人民的喜爱，是传统大众传播活动中的主要媒介。电视作为一种大众传播媒介，具有直观性、冲击力和感染力较强，覆盖面广，公众接触率高等优点；缺点是线性传播、转瞬即逝、保存性差。

3. 报刊

报刊的载体是纸张，可以反复阅读，具有保留时间长、传递信息丰富、方便保存的优点。此外，报刊作为传统媒介，往往对事件的报道较为全面，既有即时新闻，又有深度报道，便于读者对报道的内容进行全面了解。当然，报刊也有缺点，如读者范围有限、以文字感染为主、感染力较弱、时效性较差。

4. 书籍

书籍具有主题鲜明、文字量大的优点，能够系统地阐释主题，表达观点。然而，在现代社会中，随着人们的生活节奏越来越快，人们能够静下心来阅读完一本书籍的时间越来越少。另外，书籍以文字和图片为主，与声音和画面相比，表达力较弱。

5. 影视

影视作为一种声画结合的综合性艺术，自诞生起就受到世界各国人民的喜爱。影视艺术的形式十分丰富，包括纪录片、影视剧等，能够围绕特定主题进行阐释。影视通过对人们的视听感觉器官进行较为全面的刺激，结合声光电的运用，来满足人们的视听需求。其缺点主要是与新时代爱国主义精神相关的影视作品的原创力不足，难以满足人们的观影需要。

（二）网络传播媒介

互联网是以网络协议或其他协议为基础、通过独一的地址逻辑、由众多网络相互连接而成的全球性信息系统。以互联网技术为基础的信息传播媒介（也就是网络传播媒介）有着鲜明的特征，改变了以往的传统传播结构，形成了全新的传播特色。

具体来说，网络传播媒介存在以下优点。

1. 瞬时传播

通过网络传播媒介传播信息时，人们只需要轻点鼠标即可在数秒内随意浏览信息。不仅如此，人们在网络上发布信息也只需要简单的步骤，即可做到瞬时传播，甚至实时传播。

2. 双向互动

以网络传播媒介传播信息实现了由“传统大众媒体的单向流动”向“点对点的双向互动”传播方式的转变。网络信息传播中的信息受众也是信息的提供者与发布者。此外，用户通过网络浏览信息时，可以通过转发、评论或关注等多种方式与信息的发布者进行交流与互动，行使选择权、意见权以及参与权。

3. 海量信息

网络传播中的信息来自无数个信息源，这些信息源产生的信息还能够随着网民的信息输入呈现出持续增长的现象，使网络信息可按照几何级数增长，甚至容纳人类一切文明成果。

近年来，随着网络信息技术的发展，出现了以互联网信息技术为依托的移动互联网传播新媒介。例如，微信、微博、短视频等就属于新媒体传播媒介平台。

其中，短视频传播属于网络新媒体传播的一种重要类型，具有直观、客观、365 天 24 小时不间断等传播优势。除此之外，短视频传播还具有生动性强等特点，因此是一种极受用户欢迎的传播方式。

二、新时代爱国主义精神传播的特点

新时代爱国主义精神传播媒介的多样化使新时代爱国主义精神的传播效率更高、传播范围更广。具体来说，新时代爱国主义精神的传播呈现出海量信息资源、超时空、跨媒介融合、在场性的特点。

（一）海量信息资源

互联网信息传播时代的到来为新时代爱国主义精神提供了丰富而海量的信息资源。

互联网信息的容纳空间呈现出无限性的特点，可以容纳海量信息，其中既包括古代、近代以及现代史上真实的爱国主义事迹、爱国英雄人物以及以往创作的爱国主义题材的影视、书籍、绘画、音乐、雕塑等艺术作品，又包括现代人在阅读、观看、欣赏爱国主义相关主题的报道、艺术作品时所产生的感悟和体会。

除此之外，进入新时代以来，随着线下爱国主义教育基地数字化和智能化程度的提升，我国打造了图文、实时图景等相结合的线上爱国主义教育基地。在线浏览者只需进入相关网页即可在线参观爱国主义教育基地，聆听革命故事和英雄故事。

互联网信息传播时代的到来为人们提供了丰富而海量的爱国主义主题的信息，为新时代爱国主义精神的传播和培养提供了较强的时代优势，有利于及时传播对新时代爱国主义精神的最新解读，有利于对人民群众新时代爱国主义的道德规范和行为模式进行良好的引导。

（二）超时空

21 世纪，人类社会进入了以信息通信技术为标志的第五次科技革命时代，移动互联网迅速发展和普及，成为大众传播中的主要媒介载体。当前，互联网技术已融入人们生活、学习和工作的方方面面，网络传播也成为新时代爱国主义精神传播的主要传播类型。在这种情况下，新时代爱国主义精神传播有了超时空特点，主要体现在以下几个方面。

（1）爱国主义教育基地通过开设官方网站将线下爱国主义教育转移到线上，实现了线上线下跨空间传播新时代爱国主义精神。这种传播方式使由于距离等原因无法到达爱国主义教育基地的人民群众，可以借助网络媒介了解爱国主义教育基地开展的活动，并通过图文、音频、视频等相结合的方式，更加直观、立体、真实地感受活动中包含的情感和意义，有利于培养人民群众的新时代爱国主义精神。

（2）新时代爱国主义文化载体的跨时空传播。新时代爱国主义文化载体包括文字、书籍、照片、广播、电视、影视等载体。在科学技术的支持下，新时代爱国主义精神的传播打破了传统的时间和空间界限，可以实现爱国主义文化载体的跨时空传播。

例如，借助科学技术可以将过去的报纸、照片等影像还原，并借助网络等媒体传播出来，实现跨时空传播。

又如，借助先进的科学技术能够逼真地还原历史景象，把历史英雄故事、伟人事迹、硝烟战场等以再现的方式呈现在现代人眼前，将人们带入特定的历史空间，从而使人们真切地感受中华儿女为中华民族的独立、统一和民族团结而做出的奋斗和牺牲。

以抗美援朝为例。以抗美援朝为主题的纪录片或影视剧，通过运用现代影视技术再现了中国人民志愿军在恶劣的自然条件下毫不屈服、不畏牺牲的奋斗精神，增强了爱国主义精神培养的效果。

（三）跨媒介融合

当前，新技术和新思维层出不穷，传播渠道也越来越多，如门户网站、搜索引擎、微博、SNS、播客、BBS、RSS 、微信等。层出不穷的媒介传播渠道为新时代爱国主义精神的传播提供了更加丰富多样的形式。这些媒介与传统大众媒介共同形成了层次多样的信息传播网络。不同媒介有不同的特点，在新时代，信息传播越来越呈现出跨媒介融合的特点。

新时代爱国主义精神传播也相应地呈现出跨媒介融合的特点。这里所指的跨媒介融合并非将各种媒介的爱国主义精神报道进行简单的拼凑和相加，而是在遵循事物发展规律和内在发展逻辑的基础之上，将多种媒介组合在一起，使之成为一个整体，充分发挥不同传播媒介的优势，从而使新时代爱国主义精神传播和培养呈现出更加理想的效果。

（四）在场性

新时代爱国主义精神传播的在场性特点主要表现在两个方面。

一方面，新时代爱国主义精神传播的在场性指现实社会中爱国主义传播载体面向公众开放所营造的公众在场性。

现实社会中的爱国主义传播载体，如爱国主义基地、红色文化旅游景点等，近年来在国家的大力投入下，开始免费对大众开放，使普通人民群众能够近距离地聆听革命前辈的英雄故事，参观革命遗址，感受革命前辈拳拳的爱国之情。这样做可进一步传播新时代爱国主义精神，增强新时代爱国主义精神的培养效果。

进入新时代，有关爱国主义的优秀文化作品越来越多，传播载体越来越丰富，如电影、电视剧、舞蹈、书法、音乐、美术等，这些优秀的爱国主义文化作品进入人民群众的生活，极大地降低了公众接触、走进和体验爱国主义教育资源的经济成本、时间成本和教育成本，形成了新时代爱国主义教育中的公众分享体验、普遍在场的特点，较好地增强了新时代爱国主义精神传播和培养效果。

另一方面，新时代爱国主义精神传播的在场性主要指线上爱国主义传播载体通过引发人民群众的情感共鸣、再现历史场景所营造的公众在场性。

互联网平台信息传播具有较强的互动性特点，公众在通过互联网平台浏览或观看新时代爱国主义精神主题的内容时，能够通过留言、发表弹幕等方式参与信息传播和互动。例如，观众借助电脑等观看《长津湖》《跨过鸭绿江》等抗美援朝主题的影视剧时，可以随时留言或发表弹幕对其中的人物或情节发表评论或感受。而当观众在电影院观看《长津湖》《跨过鸭绿江》等电影时，也可以即时在网络社交平台上发表评论，从而营造公众的在场性，提高公众对爱国主义题材作品的参与度和感受力，增强新时代爱国主义精神培养效果。

第三节　新时代爱国主义精神培养的时代意义

新时代爱国主义精神的培养有利于引导公民理性爱国，减少青少年的爱国行为失范现象，进一步加强我国的社会主义精神文明建设。

一、纠正公民的非理性爱国行为，引导公民理性爱国

受西方多元化思想，以及狭隘民族主义和民族沙文主义的影响，在中国特色社会主义新时代，我国部分公民存在着一定的非理性爱国行为。

（一）非理性爱国行为

非理性爱国行为通常表现为偏激的排他情绪、狭隘的民族主义和极端的

爱国行为。

偏激的排他情绪是指部分公民在长期的生活、学习和工作中对祖国产生了浓厚朴素的热爱，然而由于对国际政治局势不够了解，当祖国与其他国家产生矛盾或摩擦时，这些公民通常表现出强烈甚至偏激的爱国主义情感，从情感上排斥其他国家以及一切与该国相关的文化或商品等。

狭隘的民族主义是指部分公民受种族主义、国家民族主义等思想的影响，在涉及其他种族或国外个体时表现出来的强烈、盲目的排斥意识。例如，近年来，随着经济全球化的发展和我国经济的快速发展，我国一些公民出于学习或工作等切实需要而移民国外，改变国籍。许多移民海外的华人华侨仍对祖国有着浓厚的情感，在祖国受辱时，常通过示威游行、互联网平台发声等各种形式维护祖国荣誉。这种行为表现出了移民者强烈的爱国主义精神。然而，一些狭隘的民族主义者不了解移民的实际困难和爱国心理，针对移民行为进行批判和斥责，这种行为即属于狭隘的民族主义行为。

极端的爱国行为是指一部分公民在实际生活中或互联网平台上表现出来的缺乏大局意识的行为。例如，在纪念中国人民抗日战争暨世界反法西斯战争胜利日当天，一些艺人在网络上发布家庭照片，而部分网民将这些艺人的行为上升到不爱国的高度，以这些艺人在纪念日当天不发表爱国言论、“不爱国”为由对其进行讨伐。这种行为是以爱国的名义对他人进行道德绑架，超出了理性的范围，属于非理性爱国主义行为。

非理性爱国主义行为大多是由公民对爱国主义缺乏正确认识，或对某些事件了解不够全面，或缺乏独立判断力，易受他人影响而造成的。非理性爱国主义行为不仅不利于培养人民群众的积极的爱国主义情感，还易对本国人民的生命财产安全造成威胁，伤害本国人民的爱国情感，有损本国经济的发展以及本国在国际社会上的正面形象。

（二）落实理性爱国主义实践

新时代爱国主义实践与新时代爱国主义精神相辅相成，对新时代爱国主义精神内涵的丰富和最终落实具有十分重要的作用。

新时代爱国主义精神倡导理性爱国，反对非理性爱国主义行为，因此新时代爱国主义精神教育有利于引导中国公民理性爱国，减少或杜绝非理性爱国主义行为。

在新时代爱国主义精神培养中，理性爱国行为的引导可以借助多种途径得以实现。

1. 借助大众传播平台规范非理性爱国行为

大众传播平台是传播新时代爱国主义精神的主要媒介，也是宣传理性爱国行为，减少和杜绝非理性爱国行为的重要途径。

以大众传播平台中的互联网传播平台为例。随着互联网信息技术的发展，互联网平台现已成为备受公众喜爱的传播媒介，也是新时代爱国主义精神培养的主要途径之一。

相对于传统大众媒体传播而言，互联网传播不需要严格审查，较为自由和宽松。但是，由于我国现阶段尚未建立起完善的互联网信息审查体系和网络信息法律法规，一些网民在冲动的爱国主义情感的支配下，易发表非理性的爱国言论。此外，由于互联网具有开放性和虚拟性的特点，网民在不了解事实真相的情况下，易受他人影响，从而产生较大规模的非理性爱国主义网络舆情事件。

对此，在新时代爱国主义精神培养中借助网络平台加强理性爱国行为的宣传，加强网络爱国信息监管力度，增加网络爱国资源供给，合理利用爱国主义网络直播等新渠道，有利于纠正非理性爱国行为，有利于引导公众培养理性爱国主义思维和习惯。

2. 打造理性爱国行为的正面典型案例

在新时代爱国主义精神培养中，可以借助理性爱国行为的典型案例进行宣传，让公众充分了解理性爱国行为和非理性爱国行为之间的区别，从而达到培养公民的理性爱国素质、传递理性爱国正能量、减少和杜绝非理性爱国行为的目的。

3. 借助重大事件引导民众理性爱国

与一般事件相比，重大事件具有传播范围广、影响力大、话题热度高、引发的讨论较为持久、群众参与度较高的特点。借助重大事件引导公民的理性爱国行为，传播新时代爱国主义精神，往往能够取得事半功倍的效果。

例如，在中华人民共和国成立周年纪念日、建党周年纪念日等节日，我国往往会举行盛大的纪念活动，社会各界也会以各种方式来开展纪念活动，社会参与人数多且影响范围较广。借助这些纪念日活动宣传新时代爱国主义精神往往会取得良好的效果。由于这一时期人们的爱国主义情感较为充沛，利于引导人们形成理性爱国主义表达，在社会实践中树立理性爱国行为榜样。

综上所述，新时代爱国主义精神的培养有利于培养公民的理性爱国主义情感，能够对新时代出现的种种非理性爱国行为予以纠正，从而更好地激发公民的爱国主义情感，使公民开展理性而正确的爱国主义实践活动，在国际社会中树立良好的大国形象。

二、谱写爱国主义教育新篇章，创新爱国主义实践，健全爱国主义教育工作体系

爱国主义是中华民族精神的核心，是维护民族独立和民族尊严的强大精神动力。新时代爱国主义精神是中国特色社会主义进入新时代后，在国内外环境发生重大变化的前提下，在继承传统爱国主义精神的基础上提出和发展起来的，是爱国主义精神发展至历史新阶段的产物。

新时代爱国主义精神的培养有利于谱写爱国主义教育新篇章，创新爱国主义实践，健全爱国主义教育工作体系。

（一）有利于谱写爱国主义教育的新篇章

新时代爱国主义精神是具有中国特色和时代特色的爱国主义思想，既兼顾传统爱国主义思想，又具有全球视野。新时代爱国主义精神实现了民族精神和时代精神的高度统一，为新时代爱国主义教育提供了明确的方向。

例如，新时代爱国主义精神内涵中既包括民族精神，又包括改革创新精神。其中，以爱国主义为核心的民族精神是中国特色社会主义新时代建设的主要动力，改革创新则能够体现新时代爱国主义精神的时代特质。这两者缺一不可：如果只倡导民族主义而忽视改革创新，中国特色社会主义建设则会走上故步自封、妄自尊大的道路；如果一味注重改革创新而忽视民族精神的内核和社会主义本质，中国特色社会主义的发展则会失去方向，陷入危机之中。只有将两者结合，坚持民族精神和改革创新精神相统一，才能确保爱国主义教育始终沿着正确的道路前进，才能谱写爱国主义教育的新篇章。

（二）有利于创新爱国主义实践

新时代爱国主义精神的内涵丰富、特点鲜明，为新时代爱国主义精神的培养提供了行动指南，有利于创新爱国主义实践。

例如，新时代爱国主义精神以实现中华民族伟大复兴的中国梦作为重要主题。新时代爱国主义精神培养中对中国梦的强调能够在很大程度上引导青少年将个人理想与中华民族的复兴伟业结合起来，从而使青少年积极学习、上进，并在学有所成后投身于中国特色社会主义事业的建设中，为实现中华民族的伟大复兴而努力奋斗。

与传统爱国主义精神相比，新时代爱国主义精神具有较强的创新性，这是新时代爱国主义精神的重要特点。新时代爱国主义精神的培养在客观上具有传播新时代爱国主义精神、创新新时代爱国主义实践的重要作用。爱国主义实践是落实爱国主义精神和丰富爱国主义精神内涵的重要方式，新时代爱国主义精神的培养必然要借助不同的途径，这些途径中既包括新时代爱国主义精神的理论建设，又包括大量的实践活动。除了传统的课堂教学、参观、讲座等爱国主义教育实践活动之外，在爱国主义精神培养中还可能出现新颖的、具有创新特色的爱国主义实践活动。爱国主义实践活动的大量开展有利于落实新时代爱国主义精神，不断丰富新时代爱国主义精神的内涵。

（三）有利于健全爱国主义教育工作体系

爱国主义作为中华民族的核心思想之一，在凝聚民族精神、提升民族和国家认同等方面起着至关重要的作用。

在新时代爱国主义精神培养的过程中，我们需要将新时代爱国主义精神的实质、内涵以及特点纳入中国各个阶层人群的教育之中，通过各种途径培养公民的新时代爱国主义精神。为了更好地进行新时代爱国主义精神培养，我国必须建立和健全爱国主义教育工作体系，针对社会各年龄段人群，尤其是青少年人群，做好新时代爱国主义精神的培养工作，不断提升新时代爱国主义精神培养的效率。

三、有利于引导公民形成正确的国家观和社会主义核心价值观

爱国主义作为中华民族的光荣传统，自古以来就是推动中华民族不断发

展和前进的巨大力量，是中华民族重要的精神支柱。新时代爱国主义精神倡导爱国、爱党和爱社会主义三者协调统一。如果只谈爱国，不谈爱国和爱社会主义，则否认了中国现实实践的发展；如果只谈爱党和爱社会主义，则不利于全体国民形成强大的民族凝聚力和国家认同感。新时代爱国主义精神培养能够从历史向度、党情向度、国情向度对爱国、爱党和爱社会主义三者之间的关系进行详细阐释，有利于引导公民形成正确的国家观、爱党观和社会主义观。

（一）从历史向度看

从历史向度看，中华民族的爱国主义精神贯穿于中华民族发展的每一个阶段，而在不同历史阶段，受国内外环境、社会哲学思想和社会制度的影响，爱国主义精神的内涵和特点也不尽相同。只有了解了这一点，我国公民在学习新时代爱国主义精神时，才能更好地结合国内外环境体会新时代爱国主义精神内涵，才能进一步增强新时代爱国主义精神的文化厚重感、精神归属感和历史使命感。此外，在新时代爱国主义精神培养中，了解中华民族的历代爱国主义精神，有利于公民树立正确的民族观。

（二）从党情向度看

从党情向度看，新时代爱国主义精神是中国共产党领导中国人民在中国特色社会主义新时代的建设中形成的。“中国共产党的领导是中国特色社会主义最本质的特征。没有共产党，就没有新中国，就没有新中国的繁荣富强。坚持中国共产党这一坚强领导核心，是中华民族的命运所系。”①

在新时代爱国主义精神培养中必须对中国共产党的组织状况、宗旨纲领、目标、性质、构成、素质、运作方式以及党史、党情特色等进行详细了解，这有利于引导公民明确中国共产党具有先进性的根本原因，引导公民树立正确的爱党观。

① 习近平.在庆祝全国人民代表大会成立60周年大会上的讲话[N].人民日报，2014-09-06（2）.

（三）从国情向度看

从国情向度看，任何时代的爱国主义精神均与该时代的国情息息相关，受国内外时代特色的影响较大。中国爱国主义精神的形成与发展均离不开中国国情。

例如，近代中国国情为半殖民地半封建社会，近代爱国主义精神中的救国与兴国并重、中学与西学并重等内涵均是在近代特殊国情下形成的。

新时代爱国主义精神也是立足中国实际，从中国的特殊国情出发而形成的。中华人民共和国成立初期就完成了社会主义改造，建立了社会主义制度。改革开放以来，我国在探索中国特色社会主义道路上不断前进，结合中国国情的发展和变化，提出了一系列改革措施。进入中国特色社会主义新时代后，中国仍然坚持社会主义道路，结合国内外机遇和挑战，不断探索中国特色社会主义道路。

新时代爱国主义精神培养在结合中国国情时，需要对中国的特色社会主义制度进行详细阐释，以帮助公民了解社会主义制度的先进性，形成正确的社会主义核心价值观。

综上所述，新时代爱国主义精神的培养有利于引导我国公民详细了解中国传统文化、中国共产党的先进性以及社会主义制度的先进性，有助于中国公民树立正确的爱国观、爱党观和社会主义核心价值观。

第五章
弘扬红色文化　创新新时代爱国主义精神培养路径

新时代加强爱国主义教育，对于振奋民族精神、凝聚全民族力量，决胜全面建成小康社会，夺取新时代中国特色社会主义伟大胜利，实现中华民族伟大复兴的中国梦，具有重大而深远的意义。

——《新时代爱国主义教育实施纲要》

第一节 红色文化的生成与分类

红色文化是一种极具中国特色的文化，是中华民族宝贵的精神财富，也是中国先进文化的代表，更是实现中国文化大发展和大繁荣以及文化强国过程中必不可缺的文化。

一、红色文化的生成

红色文化是在实现中华民族的独立、解放与自由的历史进程中，中国共产党带领广大人民群众在革命战争年代和建设时期，以马克思主义为指导，在整合吸收古今中外的先进文化的成果基础上而形成的先进的理论文化和物质文化及其凝结的精神文化的有机统一，其核心为人的主题价值的实现。[①]

红色文化是中国共产党在领导中国人民开展新民主主义革命、社会建设和改革开放过程中所创造的一种具有先进文化性质的无产阶级文化，在中国经历了多个历史演进阶段，其中包括萌芽阶段、生成阶段、发展阶段、转型阶段。

（一）红色文化的萌芽阶段

红色文化的萌芽阶段是指新文化运动时期至1927年。新文化运动时期，李大钊、陈独秀等中国共产党的创始人及其所带领的一批青年知识分子积极组织传播马克思主义，宣传马克思主义学说。例如，李大钊在新文化运动时期撰写的《法俄革命之比较观》《我的马克思主义观》等文章中，详细介绍了政治经济学和科学社会主义、马克思主义唯物史观等基本原理。除李大钊外，李达在这一时期还翻译了马克思主义的经典著作《社会问题总览》《唯物史观解说》《马克思主义经济学说》等，这些著作较为系统地阐释了马克思主义学说，并且对研究和传播马克思主义起到了较大的推动作用。在积极传播马克思主义理论的同时，中国共产党的先驱们还成立了中国最早传播和

① 孙红霞．“红色文化”内涵探析[J]．商丘职业技术学院学报，2012，11(4)：4.

研究马克思主义的团体，如马克思主义研究会等，为早期中国共产党的组织和成立奠定了坚实的基础。这些新文化运动时期的先驱者也因此成为中国红色文化萌芽的主力军。新文化运动的核心是反封建精神、爱国精神、启蒙精神等。在红色文化的建设过程中，中国共产党主张建立民族的、科学的、大众的文化，宣扬爱国主义精神，提出以创新精神加强党的建设，继续发扬“五四”启蒙精神。

1920 年 8 月，中国共产党所领导的工人阶级以马克思主义研究会为基础在上海成立了共产主义小组，各地共产主义小组成立后，成立全国性统一政党的必要性体现出来。1921 年 7 月 23 日，中国共产党第一次全国代表大会在上海举行，正式宣告了中国共产党的成立。中国共产党的成立是中国历史上开天辟地的大事，中共一大会议通过了中国共产党历史上的第一个纲领，确定了党的名称为中国共产党，并且提出了革命军队与无产阶级一起推翻资本家阶级的政权，援助工人阶级，承认无产阶级专政，消灭资本家私有制等重要纲领，同时明确了中国共产党当时的中心任务。在举行中国共产党第一次全国代表大会期间，由于受到法租界巡捕的干扰，与会人员从上海转移到浙江省嘉兴南湖的一艘游船上，继续召开了最后一天的会议。位于上海的中共一大会址和浙江省嘉兴市南湖区的南湖革命纪念馆因此成为红色文化的代表。

（二）红色文化的生成阶段

新文化运动后，中国无产阶级队伍诞生，中国开启了新民主主义革命。红色文化的生成阶段是指 1927 年井冈山革命根据地建立至 1935 年红军长征前夕。

中国共产党领导人在井冈山建立革命根据地后进行了土地革命等实践，这些革命实践为中国革命的正确道路的探索奠定了基础。在进行革命实践探索的同时，中国共产党领导人通过积极的理论探索，探求中国革命的道路，构建了中国的红色文化体系。其包括与错误的非马克思主义主张作斗争，力争实现马克思主义大众化；大力加强军民的思想政治教育，为中国特色红色文化的生成奠定了重要的思想基础。除此之外，中国共产党在井冈山革命根据地建立后，大力兴办教育，尤其加强马克思主义理论教育，兴办俱乐部、列宁室等，为中国红色文化的生成奠定了教育基础；中国共产党人在加强马克思主义革命理论教育的同时，积极发展新闻报刊事业，并且通过积极拓展马克思主义的传播渠道大力推动红色文化建设，极大地提升了中国特色红色文化的影响力。

（三）红色文化的发展阶段

中国红色文化的发展阶段是指 1935 年遵义会议召开至 1949 年中华人民共和国成立。

1935 年，中国红军在长征途中召开了遵义会议，这次会议的召开标志着中国共产党开始独立自主地领导中国革命，并且开始积极探求中国革命的成功之道。遵义会议是中国共产党探索正确的革命道路的组成部分。这次会议确立了毛泽东在党中央和红军中的实际领导地位，是中国共产党运用马克思主义理论和列宁基本原理来解决中国革命的基本问题的重要会议，也是中国新民主主义革命史上一次极其重要的会议，是中国革命的历史转折点。

除遵义会议外，中国共产党在长征途中还发生了众多可歌可泣的事件，如飞夺泸定桥、强渡大渡河以及甘肃会宁会师等，一路遗留下众多历史遗迹，这些历史遗迹以及中国红军长征路上所呈现出来的革命精神共同构成了中国红色文化的载体和重要内涵，成为中国红色文化的重要组成部分。

1937 年，全面抗战开始，中国共产党积极开辟敌后革命根据地和建立统一战线，在民族生死存亡的关键时刻提出了“坚持抗战，反对投降；坚持团结，反对分裂；坚持进步，反对倒退”的口号。经过 14 年艰苦的抗战，中国人民终于取得了抗战的最后胜利。抗日战争胜利后，中国共产党带领全国各族人民进行了三年解放战争，终于实现了全国解放。在此期间，中国共产党领导人先后驻扎在延安和西柏坡，将其作为革命战争的指挥中心，一方面进行革命实践，继续探索适合中国国情的革命道路，另一方面积极宣传和推广马克思主义，并在理论上使用辩证唯物论和历史唯物论的观点总结具有中国特色社会主义理论的观点，最终形成了延安精神、西柏坡精神、红岩精神等红色文化精神内涵。

（四）红色文化的转型阶段

红色文化的转型阶段是指自 1949 年中华人民共和国成立至今，包括社会主义建设阶段以及改革开放时期。

1949年，中华人民共和国成立后，始终坚持中国共产党的统一领导，并且坚持马克思主义的指导思想地位不动摇。马克思主义也因此从中国共产党一个政党的指导思想上升为整个国家的主流意识形态。中华人民共和国成立至改革开放前这一时期，尽管革命文化成为社会的主流文化，但由于在这一时期的社会主义建设实践的摸索中走了一些弯路，革命文化呈现出非正常发展的态势。

改革开放以后，中国的时代主题转换为改革、开放和创新，社会主义文化建设也因此进入新的历史发展时期，红色文化呈现出更加丰富的内涵。

纵观中国红色文化的历史演进，中国红色文化的发展史与中国共产党以人民群众为中心进行“执政为民”的历史实践的进程相符合。中国共产党自成立以来，就坚持为群众谋福利的宗旨，无论是推行土地革命，还是实行苏维埃劳动政策，保障工人权益，抑或大力发展教育、卫生等公共事业，提升人民群众的文化水平和健康水平，都始终坚持“执政为民”的基本理念，全心全意为人民服务。中国共产党执政为民的历史实践均以红色文化的物质内涵、精神内涵和制度内涵等形式保存下来，成为红色文化的重要组成部分。

中国红色文化的生成、发展以及转型是伴随着中国的发展而形成的。在中国共产党初创时期，由于缺乏革命经验，中国共产党在大革命中受到重创。之后，在总结经验的基础上，中国共产党通过将马克思主义与中国的革命实际相结合，探索出了“农村包围城市，武装夺取政权”的革命道路。后来，历经抗日战争和解放战争，终于迎来了中华人民共和国的成立。中华人民共和国成立后，经过社会主义改造确立了社会主义作为中国的根本政治制度的地位，为中国广大人民群众在中国共产党的带领下探索中国特色社会主义道路奠定了基础。在改革开放时期，中国的时代主题从革命改变为改革、开放、创新，红色文化的价值与功能也相应地转变为以创新和开放为中心的价值内涵，并且取得了各项事业的成功，探索出了一条符合中国实际的特色社会主义道路。在这一过程中，红色文化伴随着中国道路的形成而逐渐发展和丰富，并在中国特色社会主义道路建设和探索中起着价值引领和精神支撑的作用。

二、红色文化的分类

红色文化包括物质文化和非物质文化。

（一）红色文化之物质文化

在中国共产党领导人民群众进行新民主主义革命、社会建设、社会改革的过程中存在各种活动和历史事件，这些活动和历史事件所遗留下来的各种建筑（包括遗址、遗迹）、革命文物以及后人出于追思和纪念而建立的各种纪念场所等共同组成了红色文化的物质文化。

1.遗址、遗迹

红色文化之物质文化中的遗址和遗迹既包括革命事件和革命活动发生地的遗址、遗迹等，又包括重要的会址、重要机构的办公地旧址等。新民主主义和社会主义建设、社会改革的各个时期，我国各地遗留了众多革命战争、历史事件的活动遗址。例如，江西永新县三湾改编旧址、山西灵丘县平型关大捷遗址、井冈山革命纪念地、秋收起义文家市会师旧址、遵义会议会址、中共“一大”会议旧址、福建上杭县古田会议旧址、陕西延安市洛川会议旧址、四川省凉山州的会理会议遗址、河北保定的冉庄地道战遗址、抗美援朝中我国边境被炸断的桥梁和铁路等均属于革命事件和革命活动的遗址和遗迹。此外，中国共产党在革命年代各个时期的办公旧址，如南昌“八一起义”指挥部、山东新四军军部旧址，以及广州中华全国总工会旧址等均为后世人追忆历史、激发爱国和爱党情感的物质寄托。

2.革命文物

红色文化之物质文化中的革命文物主要包括革命年代保存下来的书籍、书稿、照片、革命志士所使用的物品等。这些文物既是历史事件的重要见证，也是核实历史、激发爱国情感、纪念和凭吊英烈的重要纪念物。例如，仅抗美援朝纪念馆一处就珍藏着数千张珍贵的历史照片、数万册图书资料以及 2 万多件历史遗物，这些均为后人核实史实、凭吊英烈的重要物品。

3.纪念场所

红色文化之物质文化中的纪念场所包括名人故居或纪念馆、革命烈士陵园以及各种主题纪念馆等。其中，以名人故居为主而建立的名人纪念堂较好地保留了历史名人在革命年代或社会建设年代的生活和工作原貌，有利于后人通过参观瞻仰等活动追思历史名人，体会和学习这些历史名人为了追求信仰和理想而艰苦奋斗的精神。例如，不同的革命时期，伟人因工作和生活需要居住过的旧居，因其在革命中所起的作用以及伟人自身的魅力而蕴含着丰富的红色文化精神，所以成为红色文化的重要组成部分，如韶山毛泽东故居、朱德故居、邓小平故居等均属于此类。

革命烈士陵园是后人为了纪念在革命中做出重大贡献的志士或烈士而修建的纪念地或纪念陵园、纪念堂、烈士墓碑等。例如，川陕革命根据地红军烈士陵园、晋冀鲁豫烈士陵园等，这些烈士陵园中常常林木四季常青，是后人追忆历史、凭吊英烈的重要场所。

主题纪念馆是指后人为了纪念某次重大战役或重要历史革命事件等而建立的纪念性场馆，如抗美援朝纪念馆、辽沈战役纪念馆等。这些革命历史纪念馆中保存着大量革命年代的文物和战争史料等，这些珍贵的历史资料成为后人了解革命历史、接受革命教育的重要基地。

综上所述，不同类型的红色文化物质遗产记载着新民主主义革命和社会主义建设时期无数革命志士和革命烈士前赴后继、共同抵御外辱、浴血奋斗的历史，刻录着中国百年来顽强不屈的历史，真实地反映了中国共产党领导各族人民共同奋斗，追求民族振兴和国家富强的历史进程。其作为历史史实的见证者既具有史料价值，也是进行科学研究和历史教育的鲜活生动的教材，因此具有永恒的价值、顽强的生命力以及鲜明的教育意义。

（二）红色文化之非物质文化

除了物质文化外，红色文化中还包括大量非物质文化，这些非物质文化可划分为精神文化和制度文化两大类型。

1.红色文化之精神文化

红色文化之精神文化是指以红色文化中有形物质所承载的精神形态的红色文化，主要包括革命精神、革命文艺、革命故事、革命标语和口号等几种类型。

（1）革命精神。革命精神主要指中国共产党一路走来所历经的各个历史阶段和革命活动中蕴含的红色文化精神，包括井冈山精神、长征精神、延安精神、西柏坡精神、抗美援朝精神等。不同时期的红色文化精神具有不同的特点。

例如，抗美援朝精神是20世纪50年代中国人民志愿军在抗美援朝战争中所表现出来的伟大精神。抗美援朝精神是中华人民共和国成立以来最伟大的精神之一，凝聚着中国人民志愿军战士的拳拳报国之心，在社会主义建设的各个阶段均对中华儿女起着重要的精神激励作用。

这些红色文化精神是实现中华民族伟大复兴不可或缺的文化精神，在社会主义建设事业和乡村振兴中发挥着不可估量的作用和价值。

（2）革命文艺。在新民主主义革命战争年代，为了鼓舞斗志、记录史实等；人们创作了大量的文艺作品，这些文艺作品中蕴含的革命精神是我国红色文化的重要组成部分。例如，流行于山东一带的民歌《沂蒙小调》、流行于河北太行山一带的民歌《小放牛》等。

社会主义建设时期，无数中华儿女在自己的工作岗位上做出了一系列贡献，展现出强烈的爱国主义精神。例如，抗美援朝中，中国人民志愿军中涌现出一个又一个英雄人物，他们或在前线，或在后勤岗位上，抛头颅，洒热血，为了维护集体利益和国家利益不惜牺牲自己的生命，并由此改编了一大批文艺作品。如图5-1所示，抗美援朝题材的电影——《英雄儿女》记录了中华儿女不畏艰辛、浴血奋斗的历史，激励着人们勇敢拼搏、一往无前。

图 5-1　抗美援朝题材电影《英雄儿女》海报

（3）红色文化精神内涵之革命故事。在新民主主义革命时代，我国涌现出了一大批抛头颅、洒热血的革命先驱，他们用可歌可泣的英雄故事诠释了伟大的革命精神，以崇高的精神和伟大的人格魅力激励、教育着后人。例如，流行于河北乡村的抗日小英雄王二小、狼牙山五壮士，以及山东沂蒙红嫂、沂蒙六姐妹等。

社会主义建设时期，抗美援朝中涌现出来的一大批英雄人物如表 5-1 所示。

表5-1　中国人民志愿军英雄模范名单

序　号	英雄模范	
1	特级英雄 2 名	杨根思、黄继光
2	一级英雄 50 名	卜广德、于泮宫、于喜田、王海、王兆才、王学凤、王德明、毛张苗、孔庆三、刘庆亮、刘维汉、孙占元、孙生禄、孙振录、伍先华、李凤林、李家发、李延年、余新发、许家朋、沈树根、邱少云、张永富、张积慧、吴志洲、贠宝山、周厚刚、陈忠德、杨宝山、杨育才、杨春增、杨连第、胡修道、赵宝桐、柴云振、徐长富、高成山、高景灏、倪祥明、秦家彬、曹庆功、曹玉海、郭忠田、郭恩志、曹家富、崔建国、雷宝森、鲁珉、魏玉德、谭炳云
3	一级模范 4 名	王兴纪、孙凤钜、罗盛教、张益仁
4	其他英雄称号获得者 357 名	—
5	抗美援朝中的英雄连队	1950 年 10 月 25 日至 1953 年 8 月，中国人民志愿军荣立三等功以上者 30 余万名，荣立集体三等功以上的单位 6 100 多个，荣立一等功的单位 16 个。其中，270 名立特等功，154 名立一等功，282 名获得英雄或模范称号

（4）革命标语和口号。在新民主主义革命时代，中国共产党在广大农村建立根据地，发动群众共同革命，留下了大量的宣传口号和标语，如“收复失地，还我河山”“为保卫国土流最后一滴血”等。这些红色标语和口号分布广泛、数量极多、形式丰富，极大地鼓舞了人民群众的革命热情，在新民主主义革命时期起着唤醒民众、打击敌人士气等重要作用，是红色文化中精神文化的重要组成部分。

另外，社会主义建设时期的“抗美援朝，保家卫国”等口号也是红色文化精神的重要组成部分。

综上所述，红色文化精神是红色文化的核心部分，贯穿中国新民主主义革命和社会主义建设与发展的每一个阶段，体现了中华民族顽强的生命力和高度的凝聚力。除此之外，红色文化精神还是中华民族精神的重要组成部分。红色文化精神薪火相传，是中国人树立文化自信的重要支撑，是中华民族走向伟大复兴的精神力量，激励着一代代中国人不断奋发图强，走向光明的未来。

2. 红色文化之制度文化

红色文化中的制度文化是指中国共产党在新民主主义革命时期、社会主义建设时期以及社会主义改革时期所创建的一系列具有纲领性的理论、路线、方针和政策等。制度是一切政治理论和实践的基础，红色制度是中国社会主义初级阶段文化制度的重要组成部分，也是社会主义初级阶段主流价值观的制度化。除此之外，红色文化中的制度还是一切红色文化生产关系的总和，它以各种文化资源在不同文化主体之间的权利义务关系为内容，规定了红色文化生产力在具有中国特色的社会主义文化空间中的生存和发展路径。① 红色制度在推动红色文化精神的发展中起着极其重要的作用，主要表现在以下三个方面。

（1）红色制度文化具有相继性的特点，始终代表中国最先进生产力的发展方向。中国共产党从诞生开始，就承担着带领人民群众一起反帝、反封建、反官僚主义的重任，在进行新民主主义革命、社会主义建设、社会主义改革期间，虽然走过弯路，但是大部分制度均代表着中国最先进生产力的发展方向，推动着中国不断发展。例如，井冈山革命斗争时期，中国共产党制定并颁布了第一部土地法，即《井冈山土地法》，打破了中国农村的封建生产关系，建立了适应时代发展要求的新型生产关系，极大地推动了农村先进生产力的发展。

（2）红色制度文化始终从人民群众的根本利益出发，保障了中国最广大人民群众的利益。中国共产党所代表的并不是一党私利，而是最广大人民群众的利益，无论是在新民主主义革命时期，还是在社会主义建设时期，抑或社会主义改革时期，中国共产党所制定的各种制度均以最广大人民群众的根本利益为出发点，解决人民群众在生活和发展中所遇到的实际困难。例如，周宿峰在《红色文化基本问题研究》中指出井冈山革命斗争时期，毛泽东等

① 周宿峰．红色文化基本问题研究 [D]. 长春：吉林大学，2014：26.

中国共产党的领导人就明确指出要关心和关注群众，解决群众所遇到的各种生活困难："对于广大群众的切身利益问题，群众的生活问题，就一点也不能疏忽，一点也不能看轻。"[①] 由此可见，中国共产党在制度文化上对最广大人民群众的利益的保障与负责。

（3）红色制度文化见证了中国共产党代表先进文化的发展方向。纵观中国共产党在各个历史时期所制定的制度，无论是政治制度、文化制度，还是经济制度，绝大部分代表先进文化的发展方向。例如，延安时期，陕甘宁边区文艺活动空前繁荣，主要原因之一在于延安时期的文化制度代表着当时我国先进文化的发展方向。1942 年 5 月，《在延安文艺座谈会上的讲话》发表，在此基础上制定了"为工农兵、群众服务"的文艺方针和制度，极大地推动了延安文艺的发展，催生出一批兼具艺术性和专业性的代表作品。例如，《小二黑结婚》《太阳照在桑干河上》《暴风骤雨》等作品的出现在一定程度上纠正了自五四运动以来形成的白话文学创作的欧化倾向，创造出了真正具有中国白话文特色的文学语言，在推动中国现当代文学语言发展上起着积极作用。

红色制度文化实质即中国共产党以中国特色社会主义制度的力量，发展、传承红色文化的理想和信念。[②] 除以上三个方面之外，红色制度文化还在推动红色文化的形成与发展，在推动中国主流文化、先进文化以及大众文化的发展中彰显出强大的生命力。

第二节 红色文化中蕴含的爱国主义精神

红色文化中蕴含着丰富而深刻的爱国主义精神，本节在对红色文化中蕴含的爱国主义精神进行概述的前提下，以抗美援朝精神中蕴含的爱国主义精神为例进行详细的分析。

---

① 周宿峰．红色文化基本问题研究 [D]. 长春：吉林大学，2014：26.

② 周宿峰．红色文化基本问题研究 [D]. 长春：吉林大学，2014：39.

一、红色文化中的爱国主义精神概述

（一）救亡图存，维护民族独立

红色文化诞生于近代新民主主义革命时期。旧民主主义革命时期，由于殖民帝国的侵略，中华民族处于民族危亡的关键时刻，中华儿女为了维护祖国统一，与反动势力进行了不懈斗争。

例如，抗日战争是新民主主义革命时期，中华民族为反抗外来侵略、争取国家独立而进行的伟大的民族战争，集中体现了中华民族的爱国主义精神。抗日战争全面爆发后，中华民族到了最危急的时刻，无数中华儿女在中国共产党的领导下，以拯救民族危亡为目标，积极行动起来，与日本帝国主义进行顽强抗争。在这一过程中涌现出了一大批抗日英雄，他们为救亡图存、维护民族独立付出了鲜血与生命的代价。

中华儿女在抗日战争期间争相通过各种途径参与到救亡图存、维护民族独立的行动中来。例如，青壮年群体纷纷参军，到前线抵抗日本侵略者；爱国志士纷纷通过捐钱捐物来支援战争，为救亡图存贡献力量。除此之外，更多的中华儿女抓紧生产，通过发挥自己的特长为抗战做贡献。最终，中华儿女以百折不挠、永不服输的精神赢得了抗日战争的胜利，维护了民族独立，实现了救亡图存的理想。

（二）不畏艰难，敢于牺牲

红色文化中蕴含着丰富的不畏艰难、敢于牺牲的精神。中华儿女在百年来的发展历程中，为了推翻压在人民头上的“三座大山”，在中国共产党的领导下进行了长期而艰难的斗争。在一系列斗争中，无数中华儿女视死如归，充分发扬不畏艰难、敢于牺牲的精神。

抗日战争中，中华民族涌现出了许多可歌可泣的故事。例如，1941 年秋，日本侵略军对晋察冀边区进行大扫荡，在这次扫荡中日本侵略军出动了 7 万余兵力，并调集了无数飞机、大炮等重型武器。其中，3 500 余日本侵略军直朝河北省易县狼牙山地区推进。在这次扫荡中，负责掩护晋察冀边区机关、部队和群众转移的晋察冀军区第 1 军分区第 1 团第 2 营第 7 连 6 班的班长马宝玉、副班长葛振林和战士宋学义、胡福才、胡德林，负责阻击约500名日军的追击。面对百倍于自己的敌人，五位战士并没有退缩。为了完成掩护任务，他们登上狼牙山棋盘陀主峰，利用险要地形与敌人展开周旋。为了达到拖延时间、掩护大部队转移的目的，五位战士在5个多小时的激战中数次打退敌人猛烈的进攻，最后弹尽粮绝，甚至连山顶的石头也全部扔光了。面对攻击到山顶的日本侵略者，五位战士砸碎了枪支，高呼着“打倒日本帝国主义”的口号毅然跳下了悬崖。狼牙山五壮士在抗日战争中表现出来的不畏艰难、不畏牺牲、勇于舍身救国的精神就是对爱国主义精神的最好诠释。

中华人民共和国成立后，在社会主义建设时期，中华儿女继续充分发挥不畏艰难、敢于牺牲的精神，创造了一个又一个历史奇迹。

例如，在和平建设年代，当地震、洪水、疫情等突发事件爆发，人民生命财产亟待保护之时，无数中华儿女挺身而出，充分发扬不计困难、不畏艰难、不怕牺牲的精神，救人民于危难之中，体现出了鲜明的爱国主义精神。

（三）自强不息、改革创新的精神

自强不息、改革创新的精神是红色文化中爱国主义精神的代表。一个国家和民族要想发展，必须进行创新。只有不断开拓和创新，爱国主义精神才能始终保持其先进特色。

抗日战争时期，面对日本侵略者在华北平原实施的“杀光、烧光、抢光”的“三光”政策，华北平原人民对此进行了坚决反抗。河北清苑地处华北平原，在日本侵略军残酷的大扫荡中，清苑人民毫不畏惧，勇敢地拿起武器与日军周旋。当时的革命条件十分艰苦，武器没有敌人的武器精良，一望无际的华北平原上也没有天险可以依凭，然而清苑人民在没有战斗条件的情况下，硬是通过挖掘地道的形式创造出了对敌条件，并且配合中国共产党所领导的人民武装力量，给了日本侵略军以沉重打击。

1979年7月，深圳蛇口工业区开工兴建。1980年8月，中国第一个经济特区——深圳经济特区建立。经过40年的发展，中国深圳已成为中国最具发展潜力的城市之一。1990年上海浦东新区成立，经过数十年的建设已成为中国最具发展潜力的地区之一。无论深圳经济特区还是上海浦东新区，在发展中均充分发挥了开拓创新的精神，而这种开拓创新的精神正是改革开放以来中国经济发展中最重要的时代精神。2017 年 4 月，中共中央、国务院印发通知，决定设立河北雄安新区，这是继深圳经济特区和上海浦东新区之后又一个具有全国意义的新区。

二、抗美援朝精神的内涵及其爱国主义精神的体现

抗美援朝战争是 20 世纪 50 年代我国参与的最重要的战争之一，是中华儿女充分发扬国际主义精神，为维护国土安全和区域和平而进行的战争。

（一）抗美援朝战争的背景及意义

1. 抗美援朝战争的背景

中华人民共和国成立后，面对国内百废待兴的局势，新生的中国政府迅速投入恢复正常生产和生活、稳定全国政治局势等工作之中。1950 年 6 月 25 日，正当中国人民全心全意建设各项事业之际，中国的邻国朝鲜爆发内战。美国为了维护其在亚洲的领导地位和利益，组成以美国军队为主的“联合国军”，出兵干涉朝鲜内战。朝鲜人民军向我国请求援助。

朝鲜内战爆发前，我国领导人还为和平解决朝鲜问题开展了大量外交斗争。朝鲜内战爆发后，我国领导人发表了一系列声明，对美国插手其他国家内战的做法表示强烈谴责，号召“全世界一切爱好和平正义和自由的人类，尤其是东方各被压迫民族和人民，一致奋起，制止美国帝国主义在东方的新侵略”①。这些声明表现出中国人民对和平的向往，以及反抗侵略行为的决心。

1950 年 10 月，美国越过北纬 38° 线，占领平壤，并宣称：“在历史上，鸭绿江并不是中朝两国截然划分的、不可逾越的障碍。”② 同时，美国多次派遣轰炸机入侵中国领空，对我国丹东地区进行轰炸，并派遣军舰入侵我国台湾海峡，将战火蔓延至中国境内。面对美帝国主义者的公然侵略和政治野心，我国政府在朝鲜政府的请求下决定出兵朝鲜，抗美援朝，保家卫国，并迅速组成中国人民志愿军。同年 10 月 19 日，中国人民志愿军跨过鸭绿江（图 5-2），进入朝鲜境内，帮助朝鲜人民抵抗美帝国主义侵略者。同年 10

① 国家知识产权局直属机关党委．伟大的中国精神 [M]. 北京：知识产权出版社，2015：127.
② 同上。

月 25 日，中国人民志愿军打响了入朝后的第一仗，拉开了伟大的抗美援朝战争序幕。

经过三年多的艰苦奋战，中朝联军终于将美帝国主义侵略者赶回了“三八线”附近。1953 年 7 月，美国在朝鲜停战协定上签字，中朝人民取得了反侵略战争的伟大胜利。

图 5-2　中国人民志愿军跨过鸭绿江

2. 抗美援朝战争的意义

抗美援朝战争的胜利对新生的中华人民共和国、朝鲜人民和世界局势均有着十分重要的意义。

（1）从国际社会看，抗美援朝战争不仅维护了亚洲地区的和平，还极大地提升了新生的中华人民共和国的国际影响力与威望，奠定了中华人民共和国在亚洲及国际事务中的地位。

鸦片战争前后，西方殖民者凭借先进的武器装备对东方尤其是亚洲各国进行压迫与剥削。抗美援朝战争中，中朝联军的武器装备与以美国为主的“联合国军”队的武器装备具有天壤之别。然而，中朝联军毫不畏惧，凭借顽强的毅力和不服输的精神，一举击败了美帝国主义，创造了战争奇迹。抗美援朝战争的胜利打破了美国等西方帝国主义不可战胜的神话，维护了亚洲的和平。

自鸦片战争以来，中国被迫沦为半殖民地半封建社会，一代代中华儿女付出了巨大的牺牲，用鲜血和生命换来了中华人民共和国的成立。而新生的中华人民共和国所面对的是长期战争造成的千疮百孔的“烂摊子”，这对新生的人民政权提出了严峻的挑战。然而，中华儿女面对帝国主义的威胁，面对邻国的求援，不推脱，不畏惧，勇敢出击，并以落后的武器装备打败了有着现代化装备的美国侵略军，令世界各国对我国的实力刮目相看，提升了我国的国际威望。

（2）从国内环境看，抗美援朝战争对中国政治环境、经济环境和军事外交环境等方面产生了较大影响。

从政治环境看，抗美援朝战争的胜利巩固了新生的人民政权，为新生的中华人民共和国创造了和平的外部发展环境。从经济环境看，抗美援朝战争对我国国民经济恢复，建设各项事业（尤其是东北经济的恢复与发展）具有举足轻重的意义。从军事外交视角看，抗美援朝战争是中国人民军队历史上依靠劣势装备与强敌作战的典型战争（图 5-3），积累了大量实战经验，推动了我国军事学术的发展，为我国军事变革奠定了良好的基础。

图 5-3 中国人民志愿军战士在战场

（二）抗美援朝精神内涵

抗美援朝精神主要指中国人民志愿军在抗美援朝战争中形成的精神。抗美援朝精神与其他红色文化中蕴含的精神相比，并不是单纯一种精神，而是各种精神的集合体。

抗美援朝精神内涵：祖国和人民的利益高于一切，为了祖国和民族的尊严而奋不顾身的爱国主义精神；英勇顽强、舍生忘死的革命英雄主义精神；不畏艰难困苦，始终保持高昂士气的革命乐观主义精神；为了人类和平与正义事业而奋斗的国际主义精神。

1.爱国主义精神

爱国主义精神是抗美援朝精神的重要根基和主要源泉。抗美援朝战争不是中国人民发起的战争，而是在美帝国主义侵略的威胁下，在朝鲜政府的请求协助下，中国人民志愿军远赴朝鲜境内协助朝鲜军民开展的战争。抗美援朝战争是美帝国主义将战火烧到中国境内，逼迫中国人民不得不出于保卫国土统一、保障民族团结的考虑，用武力维护祖国和平与安全，是中国人民在忍无可忍的情况下参与的战争。

从中国人民志愿军和中朝军民的角度看，抗美援朝战争是保卫和平和反抗侵略的正义之战。在这场战争中，中国人民志愿军战士始终秉持爱国主义信念，将祖国和人民的利益放在首位，为维护祖国统一和中华民族的民族尊严，奋不顾身，勇于牺牲。正是由于爱国主义精神的支撑，中国人民志愿军才会在战争中表现出旺盛的战斗意志和高昂的士气，才能创造出一个又一个战争奇迹。在上甘岭战役中，中国人民志愿军指战员在炮火支援下，攻上537.7高地北山，如图5–4所示。

图5–4　甘岭战役

2. 革命英雄主义精神

抗美援朝战争是一场以弱胜强的战争，抗美援朝战争的伟大胜利是在敌我力量悬殊的情况下取得的。在这场战争中，美军几乎投入了除核武器之外的一切新式战争武器，还投入了其陆军总数的三分之一兵力、空军总数的五分之一兵力以及大量海军兵力，从陆海空对中国人民志愿军和朝鲜军民进行全面打击。

与之相比，中国人民志愿军的武器装备大多为步枪，只有零星大炮，军队构成大多为陆军和极少量空军，到后期才有部分海军参与进来。在敌我力量悬殊的情况下，中国人民志愿军毫不屈服，他们冒着严寒，在自然条件极其恶劣的前提下与敌人进行殊死搏斗，涌现出无数英雄的革命连队、革命战士，表现出了强烈的革命英雄主义精神。

在长津湖战役中，20 军 59 师 177 团 6 连、20 军 60 师 180 团 2 连、27 军 80 师 242 团 5 连的中国人民志愿军战士在伏击敌人的过程中忍受着零下数十度的严寒，几乎全部冻死在战场。有的连甚至被冻成了冰雕，有的战士临死之时仍然保持着战斗姿势（图 5-5）。一位名叫宋阿毛的牺牲战士的口袋里放着一张字条（图 5-6），上面写着：

我爱亲人和祖国，
更爱我的荣誉，
我是一名光荣的志愿军战士，
冰雪啊，我决不屈服于你，
哪怕是冻死，
我也要高傲地耸立在我的阵地上。

图 5-5　中国人民志愿军冰雕连

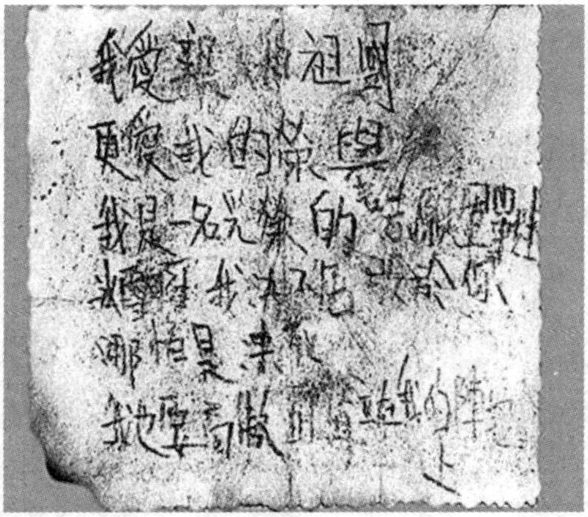

图 5-6　牺牲战士口袋中的字条

据有关数据统计，在抗美援朝中涌现出了杨根思、黄继光、邱少云等 30 多万名英雄功臣和近 6 000 个功臣集体。① 他们前赴后继，勇往直前，用鲜血和生命冲破了敌人用战火织就的一个个密集封锁线，守住了一座座桥梁，夺回了一个个阵地，推动战争一步步走向胜利。他们是中华民族的英雄儿女，在抗美援朝中谱写了一曲又一曲革命英雄主义的赞歌。

3. 革命乐观主义精神

在抗美援朝战争中，中国人民志愿军面对美帝国主义侵略者的优势军备表现出不畏艰苦、不怕牺牲的革命乐观主义精神。

抗美援朝战争历时三年，战士们不仅要面对敌人的优势火力攻击，还要与恶劣的自然条件和匮乏的物质条件作斗争。然而，中国人民志愿军在战争中始终保持着革命乐观主义精神（图 5-7）。

① 国家知识产权局直属机关党委．伟大的中国精神 [M]. 北京：知识产权出版社，2015：132.

图 5-7　战斗间隙，坑道里的中国人民志愿军战士歌声、笑声不断

朝鲜地处高纬度，冬夏气候分明，冬季气温偏低，气候恶劣（图 5-8）。中国人民志愿军战士面对零下二三十度的低温，充分发扬革命乐观主义精神，在一口炒面一口雪的艰苦条件下，坚持与敌人周旋，给予敌人致命的打击。1950 年 10 月 25 日至 1951 年 6 月 10 日，在抗美援朝战争初期，中国人民志愿军在与朝鲜军民的密切配合下，连续作战，迅速将以美国为主的“联合国军”从鸭绿江和图们江边赶回“三八线”附近，收复了朝鲜北部的广大土地，奠定了抗美援朝战争胜利的基础。

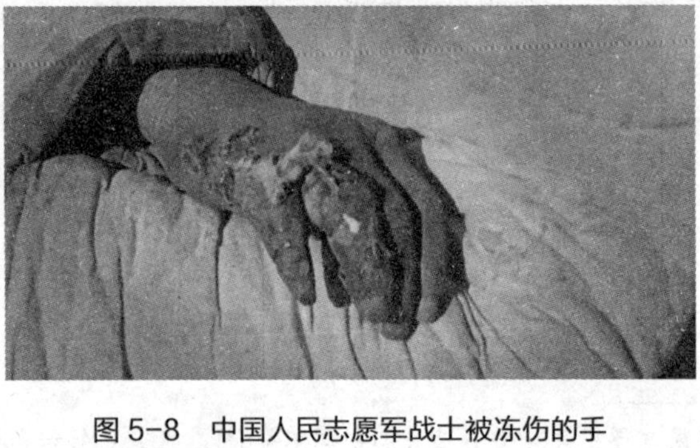

图 5-8　中国人民志愿军战士被冻伤的手

之后，面对敌人的疯狂反扑和恶劣的细菌战，中国人民志愿军始终保持革命乐观主义精神，粉碎了敌人一个又一个阴谋，最终夺取了战争的胜利。

4. 国际主义精神

抗美援朝战争是中国人民志愿军保卫祖国统一的战争，也是充分发扬国际主义精神，以大无畏的精神，积极承担维护区域和平的重任、反抗侵略、保卫区域和平的战争。

朝鲜战争爆发前，面对历史遗留问题，中国积极主张以和平方式解决朝鲜问题。我国领导人多次对此问题进行发声与外交斡旋。朝鲜战争爆发后，我国政府对美国公然插手他国内政的行径进行了严正谴责，对美军在中国邻国的战争进行严正警告。然而，美国一再忽视中国的警告，不断扩大战火覆盖的范围。

在美国出兵朝鲜后，朝鲜劳动党和政府请求中国政府给予支援，我国领导人高瞻远瞩，审时度势，做出了抗美援朝、保家卫国的历史性决策。中国人民志愿军在战场上的英勇战斗行为粉碎了美军在数个月内结束战争的妄想，极大地打击了美军的士气，奠定了胜利基础。中朝联军与美军在战场上进行艰苦卓绝的战争之际，中国政府还充分通过外交斗争为战争的终止进行斡旋，最终促使美军不得不于1953年7月27日在停战协定上签字（图5-9）。

图5-9　中国人民志愿军和朝鲜人民军一起欢庆战斗胜利

从抗美援朝战争的结果看，抗美援朝战争粉碎了美帝国主义者以朝鲜作为突破点，意图对亚洲进行殖民控制和侵略的行为，有力地维护了亚洲地区的和平，为维护世界和平和人类进步做出了巨大贡献，体现出了鲜明的国际主义精神。1958 年，中国人民志愿军全部撤离朝鲜。归国前，中国人民志愿军与朝鲜人民军举行告别联欢（图 5-10）。

图 5-10　中国人民志愿军与朝鲜人民军举行告别联欢

（三）抗美援朝中爱国主义精神的表现

抗美援朝精神中蕴含着丰富的爱国主义精神，主要体现在以下几个方面。

1. 抗美援朝中树立了英雄军队的爱国主义精神

抗美援朝军队是一支人民的军队，也是一支英雄的军队。无论抗美援朝的普通战士还是指战员，在战斗中均表现出英勇顽强、刻苦耐劳、坚毅勇敢的精神。无论前线的战斗人员还是后勤人员，无一不表现出坚定、沉着和勇敢的精神。即便在敌我力量悬殊的战役中，中国人民志愿军也表现出奋勇向前、不畏牺牲的精神，勇敢地与敌人进行周旋，付出了极大的牺牲。

在抗美援朝战争中，中国人民志愿军依靠顽强的毅力，一次次与敌人进行鏖战，抢夺一个个阵地和制高点，一点点扭转战局，终于奠定了战争胜利的基础。抗美援朝战争中，中国人民志愿军与敌人进行了无数次大大小小的战役（图 5-11），这些战役中包含大量以弱胜强的战役，如长津湖战役、上甘岭战役等。在这些战役中，中国人民志愿军在武器装备和后勤保障远远落后于敌人的情况下，一次次创造了战争的奇迹，赢得了战争的胜利，为抗美援朝的最终胜利奠定了基础。

图 5-11　中国人民志愿军战士在战斗中

其中，长津湖战役是中国人民志愿军进入朝鲜后的第二场战役。1950 年 11 月 27 日至 28 日，中国人民志愿军将敌人包围在朝鲜北部赴战岭山脉和狼林山脉之间的长津湖地区。此时，长津湖地区风雪交加，最低气温达到 -40 ℃，自然条件十分恶劣。中国人民志愿军的御寒物资不足，晚上只能睡在冰冷的雪地里。然而，中国人民志愿军在恶劣的自然条件下团结一心，巧妙布局，意图将美军进行分割包围，各个击破。美军发现中国人民志愿军的意图后，进行了疯狂反扑，利用飞机、坦克等对中国人民志愿军进行疯狂而密集的轰炸。中国人民志愿军在武器装备极其落后、御寒物资短缺的情况下，仍然展现出勇猛顽强、机智勇敢的精神，一次次击退敌人的进攻（图 5-12）。这场战役异常惨烈，涌现出了一大批英雄团体和杰出的个人英雄。

图 5-12　志愿军战士在冲锋中

杨根思（图 5-13）是抗美援朝战争中仅有的两位特级英雄之一。在长津湖战役中，身为连长的杨根思率领第三排坚守长津湖畔 1071.1 高地的前沿小高岭。为了在战役中切断美军陆战第一师退路，杨根思率领全排人员连续打退了敌人的八次进攻。敌人为了拿下小高岭投入了大量兵力和火力，然而杨根思等人面对敌人猛烈的炮火展现出了奇迹般的战斗力和忍耐力。敌人最后一次进攻时，阵地上的战士仅剩下杨根思一人，他抱起 10 千克的炸药包，点燃导火索，冲向敌群，与敌人同归于尽。

图 5-13　中国人民志愿军战士杨根思

长津湖战役结束后，杨根思被追记特等功，追授“特级英雄”称号，其生前所在连队被命名为“杨根思连”（图 5-14、图 5-15）。杨根思是中国人民志愿军中数十万英雄的代表。在整个抗美援朝中涌现出了杨根思、黄继光、邱少云等 30 多万名英雄功臣，其中包括 2 位特级英雄、50 位一级英雄，他们是志愿军英雄的典型代表。

图 5-14　杨根思连旗

图 5-15　杨根思连战士

中国人民志愿军在抗美援朝中展现出来的不怕困难、不惧牺牲的革命英雄主义精神，塑造了中华民族高大的爱国主义英雄军队的形象，至今仍然激励着一代代中华儿女奋勇向前。

2. 抗美援朝中树立了英雄人民的爱国主义精神

中国人民志愿军总司令彭德怀在《关于中国人民志愿军抗美援朝工作的报告》中指出："我们之所以能在朝鲜前线赢得了如此伟大的胜利，我国人民的全力支援起了非常重要的作用。……我们满可以说，我们人民热情的巨大的支援，将与我军的英勇战斗并列史册，在保卫远东和世界和平事业中建立了辉煌的功勋。"①

抗美援朝战争爆发时，中华人民共和国刚成立不久，国家还处于战争恢复期，人民群众的生活还十分困难。然而，为了支援抗美援朝战争，在中国人民志愿军入朝作战之时，我国就展开了轰轰烈烈的抗美援朝运动。全国各族人民，无论男女老幼，不分民族和地域，均通过各种方式参与到抗美援朝活动中。

（1）积极捐款捐物。抗美援朝战争爆发前后，我国积极通过宣传和报道将国际局势传播给广大国民。1950 年 10 月 26 日，中共中央发表了《关于在全国进行时事宣传的指示》；1950 年 11 月 1 日，《人民日报》发表社论《开展抗美援朝的思想政治教育》；1950 年 11 月 6 日，《人民日报》发表社论《为什么我们对美国侵略朝鲜不能置之不理？》；1950 年 11 月 16 日，《人民日报》发表社论《中国人民志愿部队抗美援朝保家卫国的伟大意义》；等等。这些新闻报道在第一时间内让人民群众了解了国际局势，激发了人民群众支持抗美援朝活动的热情。

为了支援中国人民志愿军，许多演艺界人士变卖首饰、汽车等物品，并且通过全国巡回义演募集捐款。例如，豫剧演员常香玉从 1951 年 8 月到 1952 年 2 月，在全国 11 个省辗转义演 180 多场，募集旧币 15.27 亿元，实现了为中国人民志愿军捐赠飞机的愿望。她还曾亲自赴朝为中国人民志愿军演出。除了演艺界人士外，全国各族人民纷纷捐钱捐物支援抗美援朝战争（图 5–16）。

① 中共中央文献研究室．建国以来重要文献选编：第 4 册 [M]．北京：中国文献出版社，1992：335.

图 5-16　人民踊跃捐款捐物

据有关数据统计，1952 年 5 月底，全国人民的捐款达 5.565 亿元，折合飞机 3710 架。[①] 许多演艺界人士还冒着枪林弹雨到前线为中国人民志愿军演出（图 5-17、图 5-18）。

图 5-17　常香玉慰问抗美援朝战士

① 张士义．新中国砥砺奋进的七十年：手绘插图本[M]．北京：东方出版社，2019：34.

图 5-18　梅兰芳慰问抗美援朝战士

（2）担任战争后勤人员。抗美援朝战争爆发后，在“抗美援朝，保家卫国”的号召下，全国各地纷纷掀起参军、参战、支前的热潮。除大批青年工人、农民以及学生纷纷报名参战外，未能参军入朝作战的人们也纷纷报名参加担架队、运输队和民工队、战地勤务，加入支援前线的队伍中（图 5-19）。例如，1951 年 6 月，仅东北地区就有 5 571 名汽车司机要求入朝，占司机总数一半以上。截至 1951 年 10 月，志愿赴朝的医疗队有 50 余支，其中 80% 的人员在前线立了功。[①] 正是由于人民群众的踊跃支持，才保障了抗美援朝期间后勤物资源源不断地被送到人民志愿军的手中，确保了抗美援朝战争的最终胜利。

① 毛胜．中国梦 复兴路：卷 2 [M]．北京：中国民主法制出版社，2016：158-159.

（a）担架队

（b）担架队练习绑担架

（c）运输队

（d）运输队抢修大桥

（e）汽车兵修理汽车

图 5-19 中国人民以各种方式支持抗美援朝战争组图

（3）积极开展生产活动。在抗美援朝战争期间，中国广大工人和农民开展了轰轰烈烈的增产节约运动和爱国主义丰产运动，以确保向抗美援朝前线运送充足的物资。例如，仅东北地区从 1951 年下半年到 1952 年底就为国家增产节约了数千吨粮食。1953 年，全国各地的增产节约运动开展得更加热烈，华北、东北、西北等地为国家增产节约了价值十多万亿元的财富。抗美援朝时期的增产节约运动不仅有力地支援了中国人民志愿军在朝鲜战场上的作战，还有力地推动了我国的国民经济恢复。

3. 抗美援朝体现了高尚的国际主义精神

抗美援朝是一场极具国际主义精神的运动，在抗美援朝中，中国人民对朝鲜人民进行了全方位的援助。

（1）在抗美援朝战争期间，中国对朝鲜进行援助。中国政府从国际主义出发，出兵支持朝鲜人民的民族解放和统一斗争，拯救邻邦于危难之中，并且在战争中付出了巨大的人力、财力和物力。

为了支援朝鲜人民，中国人民志愿军以大无畏的精神出国作战，同时在后方组织了成千上万后勤保障人员入朝协助中朝人民军队。为了使战争有足够的后勤物资保障，中国人民在国内开展了声势浩大的“保家卫国，抗美援朝”运动，开展了增产节约、爱国丰产、捐钱捐物等运动，以充足的物资支援朝鲜前线（图 5–20）。

图 5–20　中国人民捐献的坦克运上前线

在抗美援朝战争中，中国人民还做出了巨大的民族牺牲。中国人民志愿军政治部主任杜平指出：“仅从志愿军来说，到停战为止，前后入朝转换参战的有步兵 27 个军和 1 个师，有航空兵、炮兵、装甲兵、工程兵、铁道兵、公安部队共 40 多个师，还有大批铁路员工和民工，共 100 多万人。在战争中光荣负伤和英勇牺牲的就有 36 万人。其中在战场上献身的军级干部 3 人，师级干部 10 多人，团级干部近 200 人。”① 此外，中国还承担了高额的战争费用，对朝鲜人民进行了无偿援助。

（2）在抗美援朝战争结束后，中国对朝鲜进行援助。抗美援朝战争胜利后，中国人民志愿军又迅速投入帮助朝鲜人民重建家园的活动中，具体援助主要表现在以下几个方面。

中国政府对朝鲜人民提供援助款项和物资。抗美援朝战争结束时，中国国内的经济正处于恢复期，国家尚不富裕。然而，我国政府依然提供了数万亿元帮助朝鲜恢复经济，并且还为朝鲜人民提供了大量煤炭、布匹、棉花、粮食、建筑器材、交通器材、金属制品、机器、农具、渔船、纸张和文具等物资。

① 杜平．在志愿军总部[M]．北京：解放军出版社，1989：480.

在战争中，朝鲜境内的道路、桥梁、田地等遭到了严重破坏。战后，中国人民志愿军来不及休整就投入帮助朝鲜人民修复战争伤痕的活动中，帮助朝鲜人民一起填平弹坑，修复桥梁、铁路、公路、通信设施等，确保朝鲜人民尽快恢复生产和生活秩序（图 5–21、图 5–22）。

图 5–21　志愿军战士帮助朝鲜百姓盖起新房子

图 5–22　志愿军战士不畏寒冷，为朝鲜人民筑路修堤

除以上几点外，在抗美援朝战争中，中国帮助朝鲜抚养了 1 万多名战争中的受难儿童，并接受了大量朝鲜实习生来华学习各种技术。除此之外，中国还向朝鲜派遣了大量技工和技师，帮助朝鲜进行战后城市恢复建设。

中国人民在抗美援朝战争中和战后对朝鲜人民的援助体现出了高尚的国际主义精神。

4. 抗美援朝中体现了勇于探索的创新精神

在抗美援朝战争中，中国人民志愿军战士在爱国主义精神的支持下表现出强烈的勇于探索的创新精神。

抗美援朝战争大体可以划分为两个阶段：第一个阶段是运动战阶段，在这一阶段，中国人民志愿军通过五次较大战役将敌人赶回了“三八线”附近；第二个阶段是战略相持与和平谈判阶段。无论在哪一个阶段，中国人民志愿军均充分发扬创新精神，无论在作战还是后勤保障方面均进行了诸多创新，为我国现代化战争积累了大量经验。

（1）抗美援朝中的兵力运用方略创新。在抗美援朝战争中，中国人民志愿军进入朝鲜作战，面临着装备精良的敌人、恶劣的自然环境以及后勤补给困难等现实压力，常吃不好，睡不好，体力消耗较大（图 5-23、图 5-24）。为了在战争中充分发挥现有兵力的战斗力，中国人民志愿军在艰苦的条件下摸索出了轮番作战、轮番休整的方法，这种方法使中国人民志愿军在战争中，尤其是战争的相持阶段始终保持着数量优势，使作战战士保持着旺盛的战斗力，在相持阶段掌握了战场的主动权，达到了持久作战和大量消灭敌人的目的。

图 5-23　中国人民志愿军战士们露营在风雪严寒中

图 5-24　中国人民志愿军战士在天寒地冻的阵地上煮雪解渴

（2）抗美援朝中的作战指导方针创新。在抗美援朝战争中，我军军备力量与敌军军备力量存在较大差距（图 5-25），在实际战役中，中国人民志愿军很难依照战役意图对敌人实施全面包围，并在包围后实现全歼敌人的目标。为此，我军在总结战争中的经验和教训后，积极调整和创新作战方针，采取“打小歼灭战”的方式，积小胜为大胜，逐步突破，产生了较为明显的战场效果，奠定了抗美援朝战争最终胜利的基础（图 5-26）。

图 5-25　抗美援朝战争中美军陆战 1 师的精良装备

图 5-26　上甘岭战役中，中国人民志愿军高射炮部队在夜间猛烈射击敌机

（3）抗美援朝中的兵力协同作战创新。在抗美援朝战争中，主战场位于朝鲜境内，而朝鲜境内地形复杂，包括陆地、海洋、岛屿等，中国人民志愿军不仅要面对陆地上的敌军，还要面对岛屿上的敌军或大海上的敌军，所以进行了兵力协同作战。例如，在以收复大、小和岛为主要任务的渡海登岛战役中，人民志愿军创造性地进行了兵力协同作战，实现了战争胜利，开创了我军联合渡海登岛作战先河，为我国军队的协同作战积累了实战经验（图5-27）。

图 5-27　人民志愿军在炮火中涉水前进

（4）抗美援朝中的空中战术理论创新。抗美援朝战争属于现代战争，在现代战争中，制空权至关重要。在战斗过程中，敌军借助大量飞机轰炸抢占

制空权，对朝鲜境内的道路和桥梁进行轰炸，对人民志愿军进行空中打击。相比之下，中国人民志愿军的空军力量薄弱，空军飞行员大多为新人，然而志愿军空军飞行员在战争中大胆革新战术，创造出多种攻击队形，有效打击了敌军的空中势力。

（5）抗美援朝中的阵地防御作战创新。阵地战是抗美援朝战争中使用范围广、使用时间长的作战形式。在阵地战中，中国人民志愿军积极创新，依托坑道工事实施反击作战和阵地进攻（图 5-28），在战争第二阶段取得了一系列胜利。

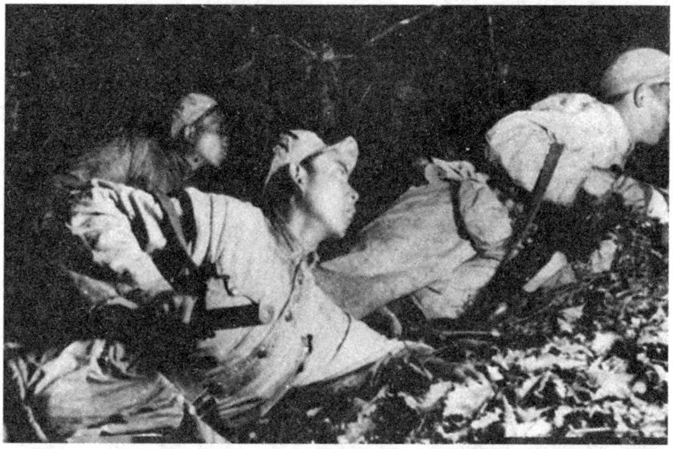

图 5-28　上甘岭战役中坚守在坑道里的中国人民志愿军战士准备夜间出击

（6）抗美援朝中的作战保障方式创新。抗美援朝战争的主战场在国外，后勤保障方面呈现出许多新特点，物资运输线长，保障任务繁重，还要随时面对敌人的疯狂“绞杀”。为此，中国人民志愿军建立了与作战指挥相统一的后勤指挥机构，形成了上下贯通的后勤指挥体系，“在保障中战斗、在战斗中保障”，建立起稳定可靠的后勤保障体系，确保了战争中的补给及时送到前线，为战争胜利奠定了重要基础（图 5-29、图 5-30）。

图 5-29　抗美援朝战争中，工兵部队修建了敌机找不到的水下桥，保证了汽车部队顺利完成运输任务

图 5-30　清川江大桥 7 次被炸毁，无数次被修复，保障后勤物资供应

第三节　借助红色文化培养新时代爱国主义精神的创新路径

红色文化中蕴含着丰富的爱国主义精神，在新时代，借助红色文化培养国民的新时代爱国主义精神可以起到事半功倍的作用。2019 年，中共中央、国务院印发了《新时代爱国主义教育实施纲要》，指出：“新时代爱国主义教育要面向全体人民、聚焦青少年。”

本节主要对借助红色文化培养新时代爱国主义精神的创新路径进行解读。

一、红色文化中的爱国主义与新时代爱国主义的关系

红色文化中蕴含着丰富的爱国主义思想，这些思想与新时代爱国主义精神之间存在着十分紧密的关系。

一方面，红色文化中的爱国主义思想与新时代爱国主义精神一脉相承。

红色文化是伴随着中国共产党而发展起来的，贯穿于近代和现代社会发展中，其中蕴含着近代爱国主义思想和现代爱国主义思想。新时代爱国主义精神是在继承近代爱国主义思想和现代爱国主义思想的基础上，结合中国特色社会主义新时代的特点而生成的。从这一视角看，红色文化中的爱国主义思想与新时代爱国主义精神之间存在着一脉相承的重要关系。

另一方面，红色文化中蕴含着培养新时代爱国主义精神的重要资源。

历史是最好的教科书，红色文化是革命战争年代形成的具有中国特色的先进文化。红色文化中蕴含着丰富的革命精神和历史文化内涵，这些均是培养新时代爱国主义精神的重要资源。

以抗美援朝为例。抗美援朝精神是中国红色文化的重要组成部分，抗美援朝 发生的时代背景与中国特色社会主义新时代的背景存在较大差别。然而，抗美援朝精神中蕴含的爱国主义精神与新时代爱国主义精神存在紧密联系，是培养新时代爱国主义精神的重要资源。

抗美援朝中蕴含着爱国、爱党和爱社会主义的和谐统一的精神。抗美援朝是中华人民共和国成立后面对复杂国际形势所进行的爱国保卫战争。朝鲜

在地理上与中国接壤，是中国的近邻，一旦美国侵占朝鲜的阴谋达成，无疑将对新生的中华人民共和国产生巨大威胁。而且1950年，侵朝美军罔顾中国的多次声明，将战火烧至中朝边境，对中国边境地区进行威胁。由此可见，抗美援朝运动是一场由中国共产党领导的保家卫国运动，体现出极强的爱国主义情感。抗美援朝运动还是一场出于高尚的国际主义精神和人道主义精神，维护世界社会主义统一战线的运动。因此，抗美援朝中蕴含着爱国、爱党和爱社会主义的精神，是进行新时代爱国主义精神教育的革命教育资源。

抗美援朝中蕴含着维护祖国统一和民族团结的重要内容。抗美援朝运动成功地实现了“保家卫国”的理想，消除了新生的中华人民共和国面临的潜在威胁，维护了祖国统一和民族团结。

抗美援朝中蕴含着立足中国和面向世界的思想。抗美援朝运动具有十分重要的意义。从中国国内来看，抗美援朝运动不但巩固了新生的中华人民共和国政权，而且对我国的现代化军队建设起到了促进作用，极大地提高了中国的国际地位。从世界范围来看，抗美援朝战争的胜利直接粉碎了美帝国主义利用朝鲜地区对亚洲进行统治的野心，维护了亚洲和平，并且为全世界被压迫人民树立了反抗帝国主义侵略者的榜样。

综上所述，红色文化中的爱国主义思想与新时代爱国主义精神之间存在着极其密切的关系。红色文化是培养新时代爱国主义精神的重要历史资源，只有立足中国特色社会主义新时代，将红色文化与夺取新时代中国特色社会主义伟大胜利，实现中华民族伟大复兴的中国梦结合起来，正确把握和处理“古”与“今”的关系，突出教育主题，才能不断提升新时代爱国主义精神培养效率。

二、借助红色文化教材培养青少年的新时代爱国主义精神

学校是新时代爱国主义精神培养的主要阵地，是培养社会主义建设者和接班人的重要场所，而一名合格的社会主义建设者和接班人必须具有高尚的爱国情怀。培养青少年的爱国情怀和新时代爱国主义精神必须依托一定的课程，课程的学习则必须依托教材。将红色文化融入学校教育，能够起到活跃课堂氛围、丰富课堂内容、提升课堂教学效率的重要作用。

一般来说，学校课程根据内容大体可以划分为道德与法治课程、学科课

程、体育课程、美育课程等。

（1）道德与法治课程是青少年爱国主义教育的主阵地。在道德与法治课程中，以真实的革命故事或社会主义建设故事丰富红色文化教材内容，能够增强道德与法治课程的趣味性，激发学生的学习兴趣，为学生树立真实的爱国主义榜样，唤起学生的爱国情怀，最终提升课堂教学效率。

例如，抗美援朝中涌现出了数不胜数的英雄人物。其中，黄继光的故事广为传颂。黄继光（图 5-31）作为中国人民志愿军中的一员，其所在连队参加了 1952 年 10 月 14 日的上甘岭战役，这场战役被称为抗美援朝中最为惨烈的战役，创造了当时世界战争史上火力密度最高的纪录。黄继光所在的连队在上甘岭战役中奉命于 1952 年 10 月 19 日天亮前夺回上甘岭 597.9 高地。为了守护该高地，敌人对中国人民志愿军进行了疯狂的火力压制，而中国人民志愿军由于武器装备远远落后于敌军，多次冲锋均没有成功。如果无法顺利拿下该高地，那么对其后的战役将产生较大影响。关键时刻，黄继光主动请缨，担任爆破敌人碉堡的任务，他以视死如归的精神，用自己的身体堵住了不停喷吐着火舌的机枪，为战友赢得了宝贵的冲锋时间，终于在天亮前夺回了阵地。黄继光同志壮烈牺牲后，被授予“特级英雄”的称号。黄继光的爱国主义行为激励了一代代中华儿女，是培养青少年爱国主义精神的优秀素材之一。将黄继光的英雄事迹纳入道德与法制课程，能够唤起青少年的爱国情怀，提升青少年的学习效率。

图 5-31　爱国主义模范黄继光

（2）学科课程是学校教育的重点课程，也是学生接触最多的课程。我们可将红色文化教育资源融入语文、历史等教材，用鲜活的红色事迹丰富教材内容，结合中华民族站起来、富起来和强起来的历史，引导青少年深刻地认识我们国家和民族从哪里来、到哪里去，坚决反对历史虚无主义，引导青少年了解中华民族走中国特色社会主义道路的历史必然性，从小培养青少年的爱国、爱党、爱社会主义的精神。

（3）体育课程是学校教育的重要课程之一，是培养青少年身体素养的主要课程。将红色文化纳入体育课程中，既能够增强体育课程的趣味性，又能够让学生从中受到爱国主义教育，还能够达到锻炼学生身体素质的目的，可谓一举多得。例如，在体育课程中设置“红军模型”“中国人民志愿军模型”等红色文化主题课程，将体育教育与红色文化结合起来。其中，“中国人民志愿军模型”可以设置简易的坑道器材、高地器材等，在锻炼学生的攀爬、奔跑等能力的同时，对学生进行潜移默化的爱国主义教育。

（4）美育课程是学校素质教育的重要课程。美育课程包括音乐、美术、舞蹈等课程，在这些课程中均可以通过引进红色文化教材来丰富课堂教学内容，达到培养学生爱国主义精神的目的。

例如，音乐可以激发人们的情感，培养人们的道德精神和审美素质。在音乐教学中，教师可以融入《中国人民志愿军战歌》《抗美援朝进行曲》《我的祖国》《英雄赞歌》等歌曲，将学生带入抗美援朝的情境中，让学生充分感受中华儿女在祖国危难之际挺身而出的爱国主义情感。

又如，抗美援朝战争爆发后，中国画家纷纷拿起画笔记录这一伟大事件，创作了大量不同体裁的美术作品。这些美术作品既体现了画家的爱国情感，也体现了抗美援朝时期中国人民志愿军在战场上不怕困难、不畏牺牲的精神，以及社会各界人民对中国人民志愿军的支持、援助，对中国人民志愿军的浓厚情感。将抗美援朝主题的美术作品纳入学校教育之中，有利于让学生了解抗美援朝的历史，培养学生的爱国主义精神。

再如，抗美援朝战争爆发后，我国的文艺工作者创作了一个又一个精彩的文艺节目，并在前线表演这些文艺节目，为中国人民志愿军战士加油、鼓劲。抗美援朝战争胜利后，文艺工作者又以抗美援朝精神为主题创作了一系列经典舞蹈作品，如《人民的儿子》《高地相逢》《三千里江山》《一条大河》《英雄儿女》等，这些舞蹈作品中蕴含着丰沛的情感，艺术性地再现了中国人民志愿军在朝鲜战场上勇往直前的精神。将抗美援朝主题的舞蹈作品纳入学校教育，不仅能够让青少年充分感受到中国人民志愿军的精神，还能够激励和鼓舞青少年向革命前辈学习，激发青少年的爱国热情。

三、借助红色影视和书籍培养人民群众的新时代爱国主义精神

进入21世纪后，红色影视剧、舞蹈、芭蕾剧以及文学书籍、红色音乐等红色文艺在数量、质量上均获得了较大发展。

红色影视剧通过视听结合的方式再现了民主主义革命和社会主义建设时期的爱国事迹，让人们重新走进一段段历史，了解不同时代的爱国事迹。

中华人民共和国成立以来，随着我国影视技术的不断提高，我国拍摄的红色影视作品也越来越多，呈现出主题丰富、体裁多样的特点。例如，《中华儿女》《铁道游击队》《烈火中永生》《红色娘子军》《英雄儿女》《智取威虎山》《亮剑》《钱学森》《建国大业》《建党大业》《1921》《秋之白华》等。

抗美援朝作为中华人民共和国历史上最为重要的战争，自20世纪50年代以来被一代代影视制作者搬上银幕，佳作频出。例如，电影《上甘岭》《长空比翼》《前方来信》《奇袭》《三八线上》《铁道卫士》《烽火列车》《慧眼丹心》《英雄坦克手》《英雄儿女》《打击侵略者》《奇袭白虎团》《碧海红波》《激战无名川》《长空雄鹰》《飞虎》《心灵深处》《战地之星》《神龙车队》《铁血大动脉》《北纬三十八度》《三八线上的女兵》《集结号》《我的战争》《最可爱的人》《金刚川》《保家卫国——抗美援朝光影纪实》《英雄连》《长津湖》《跨过鸭绿江》等。

又如，电视剧《跨过鸭绿江》《战火熔炉》《在桃花盛开的地方》《皮影》《三八线》等。再如，纪录片《抗美援朝》《较量——抗美援朝战争实录》《斩断魔爪》《上甘岭——最长的43天》《铁血大动脉——抗美援朝运输线绝密档案》《英雄》《为了和平》等。

除了影视剧之外，自20世纪50年代以来，中外学者和文学家以抗美援朝为主题创作了大量回忆录、学术专著和文学作品，如《朝鲜战争》《最寒冷的冬天：美国人眼中的朝鲜战争》《我在朝鲜战场》《最寒冷的冬天Ⅱ：一位韩国上将亲历的朝鲜战争》《李奇微回忆录》《最后的战斗：英国兵眼中的朝鲜战争》《孙子兵法与世界近现代战争》《朝鲜战争：未曾透露的真相》《抗美援朝战争史》《决战朝鲜》等。

这些战争主题的红色影视和书籍较为全面地反映了抗美援朝战争，为我国人民系统了解抗美援朝历史提供了良好路径，有利于增强人民群众对祖国的认同感，培养我国人民群众的爱国主义精神。

四、借助红色旅游培养人民群众的新时代爱国主义精神

近年来，我国经济发展速度较快，人民的生活水平获得了较大提升，越来越多的人开始将旅游作为一种日常休闲活动，加之小长假的休假模式调整，我国旅游已进入大众旅游时代。

随着中国特色社会主义的发展，人们对红色旅游越来越重视。红色旅游活动中，人们往往会到红色旅游风景区、纪念馆等场所参观，置身于红色文化的环境中，所听、所见、所触皆为革命故事、革命遗迹，极易引发人们的红色文化认同感，进而培养人们的爱国主义精神。

以抗美援朝为例。虽然抗美援朝战争的发生地在朝鲜境内，但我国境内仍然遗留有大量抗美援朝遗迹，供人们凭吊先烈、参观、游览。

（1）抗美援朝烈士陵园位于辽宁省沈阳市，始建于 1951 年。陵园由烈士纪念碑、烈士墓群和烈士纪念馆组成，黄继光、邱少云、杨根思等 123 位烈士长眠于此。抗美援朝纪念馆中收藏了 400 余件珍贵的革命文物，包含大量珍贵历史图片，烈士生前使用过的武器，荣获的勋章、军功章等珍贵遗物。

（2）鸭绿江断桥（图 5-32）位于中国辽宁省丹东市，是原鸭绿江大桥被炸毁后的残余部分。原鸭绿江大桥是中国人民志愿军开赴朝鲜的重要交通要道，1950 年 10 月 19 日，中国人民志愿军从这座桥上跨过鸭绿江，毅然迈上抗美援朝、保家卫国的征途。同年 11 月，原鸭绿江大桥被侵朝美军炸断，所遗留的鸭绿江断桥上保留着成千上万处弹痕，使其成为抗美援朝沧桑历史的见证者。

图 5-32　鸭绿江断桥

（3）抗美援朝纪念馆位于辽宁省丹东市鸭绿江畔的英华山上，与朝鲜民主主义人民共和国新义州市隔江相望，是全面反映中国人民抗美援朝战争和抗美援朝运动历史的专题纪念馆。该馆中藏有 2 万余件抗美援朝文物，分为纪念塔、陈列馆、全景画馆、国防教育园等多个园区，全面、客观、真实地再现了抗美援朝战争和抗美援朝运动的光辉历史。

（4）河口断桥（图 5-33），原名清城桥，是鸭绿江上连接中朝两岸最早的一座公路桥。整座桥全长 709.12 米、桥高 25 米，由 22 座桥墩、21 孔组成，横跨在清澈碧蓝的鸭绿江上。抗美援朝期间，侵朝美军为了切断人民志愿军的补给线，出动了大批轰炸机对清城桥进行轰炸，最终将清城桥拦腰炸断。为了牢记历史，该桥在战后没有修复。为缅怀因抗美援朝牺牲的英勇烈士，我国在丹东断桥桥头树立了英模塑像，我国所属断桥上遍插军旗，军旗上保留着军师部队的番号。

图 5-33　河口断桥

（5）鸭绿江国境铁路大桥：位于吉林省集安市区，是抗美援朝期间中国人民志愿军首批部队秘密入朝的重要线路，也是运送物资和伤员的主动脉之一，为抗美援朝的后勤保障做出了重要贡献。该桥在抗美援朝战争中曾多次遭敌人轰炸，为了确保运输线畅通，我国铁道兵、铁路工人和民工多次对被炸铁路桥进行抢修，确保该桥在战争中从未中断，为抗美援朝、保家卫国取得伟大胜利做出了巨大贡献。该桥被誉为“抗美援朝第一渡”。

这些抗美援朝红色旅游景点不仅可以让游客领略不同的自然风光，还可以让游客充分感受到抗美援朝战争的惨烈，切身感受中国人民志愿军伟大的爱国主义精神，从而引发游客对爱国主义的认同，培养游客的爱国情怀。

五、借助红色纪念日培养人民群众的新时代爱国主义精神

历史是一个国家和民族的过去，也是最好的清醒剂，以史为鉴可以知兴替。只有充分了解历史，才能立足历史，用历史映照现实，远观未来。红色文化中存在大量推动历史发展进程的事件，为纪念这些事件而设立的纪念日被统称为红色纪念日。

在红色纪念日活动中，媒体往往会对红色事件进行较为全面的回顾和报道，社会上也会组织各种活动，从而让人们全方面了解历史，感受红色文化。

以抗美援朝为例。1950 年 10 月 25 日，中国人民志愿军在朝鲜打响了第一次战役，拉开了抗美援朝战争的帷幕。1951 年，党中央决定将 10 月 25 日定为抗美援朝纪念日。

2020 年 10 月 25 日是抗美援朝出国作战 70 周年纪念日，全国各地举行了各种盛大的活动（表 5-2）。

表5-2　抗美援朝出国作战70周年纪念日活动一览

序　号	活动类型
1	抗美援朝纪念馆新馆开馆活动
2	抗美援朝烈士陵园纪念活动
3	举行抗美援朝主题展览活动
4	召开抗美援朝纪念大会
5	发布抗美援朝纪念章
6	发布抗美援朝纪念邮票
7	上映抗美援朝纪念影视
8	出版抗美援朝纪念图书
9	创作抗美援朝纪念文艺作品
10	媒体专题报道
11	组织主题文艺晚会

这些活动不仅有实地活动，如抗美援朝纪念馆新馆开馆活动、抗美援朝烈士陵园纪念活动、抗美援朝纪念大会以及抗美援朝主题展览活动等，还有许多线上线下同时进行的活动，如各电视台举办的主题文艺晚会、媒体进行的专题报道等。除此之外，我国还发布了抗美援朝纪念章和纪念邮票，创作并展出了一批各种形式的抗美援朝主题文艺作品。这些纪念日活动营造了独特的氛围，促使成长于新时代的人们对抗美援朝的历史进行详细了解，重新审视抗美援朝的意义，让人们较为立体、全面地感受中国人民志愿军伟大的爱国情怀，从而提升人们对红色文化和爱国主义的认同感，达到培养人们的爱国主义精神的目的。

第六章 加强国防教育 创新新时代爱国主义精神培养路径

加强国家安全教育，深入学习宣传总体国家安全观，增强全党全国人民国家安全意识，自觉维护政治安全、国土安全、经济安全、社会安全、网络安全和外部安全。

——《新时代爱国主义教育实施纲要》

第一节　国防教育概述

国防一词是国家防务的简称，是伴随着国家的形成而逐渐出现的。国防是国家为防备和抵抗侵略，制止武装颠覆，保卫国家的主权、统一、领土完整和安全所进行的军事活动，以及与军事有关的政治、经济、外交、科技、教育等方面的活动。[①] 国防教育是一个国家或民族最为重要的基础教育之一，本节主要对国防教育的理论基础与基本内涵进行阐释。

一、国防教育的发展历程

国防是随着国家的产生而产生的，国防教育随着国防的产生而逐渐兴起。不同历史时期国防教育的内容也不尽相同。我国夏商周时期，国家的思想初步萌芽，国防教育的内容主要以战争动员为主。秦朝建立大一统国家后，国防教育取得了进一步发展。唐代创立了武举制，重视兵法的学习与研究，国防教育和兵学研究之风随之逐渐兴盛，较好地促进了国防建设。宋代时出现了专门的讲武堂，以教授军事理论和练兵习武为主，培养军事人才，加强国防建设。除此之外，我国历朝历代均十分重视兵役制度，并通过兵役制度培养国民的国防意识。

近代国防教育发端于鸦片战争后。1840 年鸦片战争后，由于清政府腐败无能，我国逐渐沦为半殖民地半封建社会，国防建设和国防教育有名无实，使中华民族饱受西方列强的欺压蹂躏。近代一批最先觉醒的有识之士在寻找救亡图存之路时，认识到国防建设和国防教育的重要性，提出了一些国防建设和国防教育思想。

例如，魏源在《海国图志》中提出了构建国家防御体系的思想。魏源的国家防御体系思想分为近期、中期、远期三个方面。其中，近期的国家防御体系以防守为主，在此期间通过学习西方的技术来训练和培养精兵，壮大军事力量。中期的国家防御体系以防守为后盾，对西方侵略者主动出击，以便

---

① 翟继光．纪检监察依法依纪办案常用法律法规全书：第 1 卷 [M]．北京：中国民主法制出版社，2019：742.

狠狠打击其嚣张气焰。远期的国家防御体系则需等国家军事实力强大到足以与西方殖民国家匹敌时，着手建立与西方国家的平等贸易关系，以做到双方互利互惠，最终达到国富军强、国泰民安的目的。然而，这一国家防御体系思想并没有被晚清封建政府所采纳。

19 世纪 60 年代，随着洋务运动的兴起，晚清政府通过创办军事学校、外语学校、电报学校、造船学校、陆军学校、海军学校、医学学校、钢铁学校等新式学堂发展国防建设和国防教育。

辛亥革命后，面对西方列强图谋中国的野心，国民政府将军国民教育列入教育宗旨，国防教育的领域进一步拓展，开始对国民进行爱国教育、实利教育、公民道德教育、美感教育和世界观教育。1928 年《学校应实施军事训练案》通过，要求在高中以上学校成立学生军，初中以下学校严格开展体育和童子军教育。1933 年，我国历史上第一部《兵役法》出台，其中规定自 1936 年始实施义务兵役制。1935 年，《高中以上学校学生集中训练教育纲要》出台。1936 年，《兵役法》正式实施。同年，《高中以上学校学生军事训练管理办法》开始实施。这些文件的出台和实施极大地推动了我国国防建设及国防教育的近代化进程。

抗日战争全面爆发后，为了实现救亡图存，国民政府相继颁布了《国民兵义勇壮丁队管理规则》《抗战建国纲领》《沦陷区教育设施方案》《动员妇女参加抗战建国工作大纲》《修正军事委员会组织大纲》《国民兵团调整办法》《改善专科以上学校军事训练案》等政策法规，进一步推动了我国的国防建设。

中华人民共和国成立后，我国政府十分重视国防教育的发展，不断为国防教育开辟活水源头，推动我国国防教育不断焕发出新的生机和活力。中华人民共和国成立初期，面对特殊的国内外环境，我国及时开展了“爱国、拥军、反敌特斗争”的国防教育，使人民群众认识到国防安全人人有责，为进一步推动国防教育实践奠定了基础。

除此之外，我国还不断拓展开展国防教育的新方法，在传统的宣讲、说教教育基础上，通过拥军优属、阅兵演习等途径进行国防教育，并颁布了《中华人民共和国宪法》《中华人民共和国兵役法》等法律法规，使中华人民共和国国防教育走上了法制化道路。

抗美援朝期间，为了让广大人民群众充分认识到抗美援朝的必要性，积极加入抗美援朝运动中，我国各地纷纷制定了《爱国公约》，开展和平签名运动，在短时间内迅速提升国民的国防意识，初步形成了分工协作的国防教育模式，初步形成了军队、学校、社会“三位一体”的国防教育体系，较好地提升了国防教育质量和效益。

进入21世纪后，我国国防教育制度不断完善，国防教育形式更加多样化，教育配套建设不断完善，教育内涵不断丰富，形成了具有中国特色的国防教育体系。

纵观中华民族国防教育的发展，任何时候均不能放松国防教育，国防教育应与时俱进，锐意创新，并且成为弘扬爱国主义精神和增强民族凝聚力的重要途径。

二、国防教育的基本内涵

国无防不立，一个国家的国防是否巩固，关系到一个国家和民族的生死存亡。国防是人类社会发展到一定阶段的产物，是为了维护国家利益而服务的。

国防教育既包含国防安全的属性，又包含教育的属性，是我国教育活动的重要组成部分。国防教育的内容特殊，因此国防教育具有较强的国防属性。

国防教育是一项全面性综合教育，内涵十分丰富，涉及领域广泛。国防教育包括国防思想教育、国防理论教育、国防历史教育、国防科技教育、国防法规教育、军事技术和战术训练等（图6–1）。

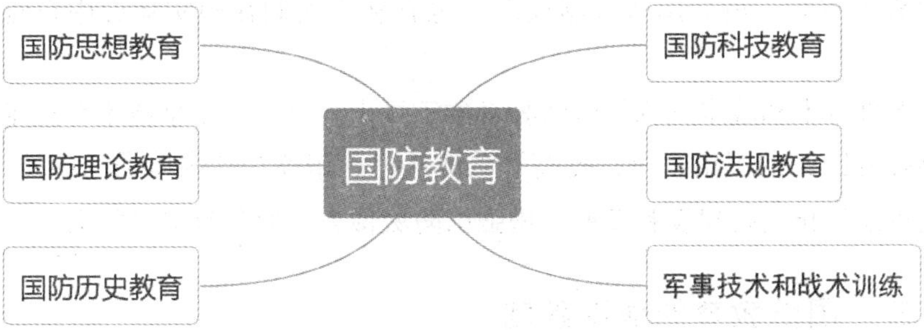

图6–1　国防教育的内容

国防思想教育是国防教育的中心内容和主体部分，是为了实现一定的政治目标而有目的地对人们实施的一种教育。国防思想教育的内容主要包括爱国主义教育、爱军尚武教育、革命英雄主义教育、国防理想道德教育等。开展国防思想教育有利于我国人民正确地认识和执行国家的各种方针、路线和政策，保持正确的国防价值观，提升道德品质和精神素质。

国防理论教育是国防教育的重要内容之一，主要包括国防地位与作用、国防本质、国防建设和国防斗争等内容。国防理论教育能够帮助人们充分认识国防的本质，了解国防在国家主权独立和国家安全方面的重要作用，使人们明白国防建设和国防斗争的基本规律，从而不断培养人们的国防自觉意识，提高人们积极参与国防现代化建设的自觉性。

国防历史教育是国防教育的重要内容之一，也是国家历史教育的重要内容之一。中华民族在数千年的历史发展中经历了多次安危存亡和荣辱兴衰，这些均与历朝历代的国防建设密切相关。了解古今中外国家的国防历史，不仅有利于人们以史为鉴，还能够激发人们的民族自尊心和国防责任感，树立和增强国防现代化建设的信念。

国防科技教育是国防教育的重要内容之一。国防科技包括国防武器装备、国防设施、军事管理等方面。国防科技是影响现代国防综合实力和威慑力的重要因素之一，也是决定现代战争胜负的关键所在，在国防建设中起着举足轻重的作用。国防科技教育主要包括信息技术、空间技术、生物技术、光电技术、新材料技术、新能源技术、海洋技术等方面的教育。国防科技教育能够让人们了解到最新的国防科技，有利于培养国防人才。

国防法规教育是国防教育的重要内容之一。国防法规是国防的法律依据，也是我国法律的重要组成部分。国防法规教育有利于人们正确认识国防法规的本质，树立国防法制观念，也有利于人们在国防建设中自觉尊法守法。

军事技术和战术训练是国防教育的重要内容之一。军事技术和战术训练能够提升国民的军事素质，提高军队战斗力，培养综合素质强的国防人才，在促进现代化国防建设和发展，增强国防威慑力方面具有重要意义。

三、国防教育的理论基础

我国国防教育的理论基础主要包括马克思主义经典作家理论、党的国防教育理论和国家安全观思想。

马克思和恩格斯运用唯物主义历史观和方法论对国家问题进行了深入的

研究和讨论，对军队的产生、军队的来源、军队的性质和内涵、军队与社会主义生产力的联系、军队建设的一般规律等进行了一系列阐释，并且提出了全民国防和人民战争的基本思想，较为全面地分析了国防和战争、经济之间存在的紧密联系。在此基础上，列宁对马克思和恩格斯的国防教育理论进行了发展，并且提出了社会主义国家军队建设的基本原则，为社会主义国防建设和社会的和谐发展奠定了理论基石。

20 世纪 20 年代以来，党和国家领导人在不同历史阶段，结合中华民族独具特色的政治、经济、文化等现实情况和教育教学规律，对我国国防教育的内容、目的、原则和形式进行了一系列理论表述。革命战争时期，老一辈革命家将中国国情与马克思列宁主义结合起来，进行了一系列国防教育探索和实践。例如，《中国共产党在抗日时期的任务》《论持久战》等文章中均提出了国防教育的思想。

中华人民共和国成立后，我国历代领导人在社会主义建设、改革开放以及中国特色社会主义新时代的实践中不断丰富国防教育理论，逐渐构建了我国的国防教育理论体系。进入中国特色社会主义新时代以来，面对经济全球化的发展，我国树立了新时代的强军目标，开始探索中国特色强军之路，对国防教育理论进行了新的探索。

2014 年，党和国家领导人提出了总体国家安全观，指出国家安全是安邦定国的重要基石，维护国家安全是全国各族人民根本利益所在。① 总体国家安全观提出了“五大要素”和“五对关系”，进一步丰富了中国特色社会主义国防教育理论。

四、国防教育的原则和方法

国防教育是一个国家和民族进行国防建设的基础工程，也是提高全民素质的重要工作。

（一）国防教育的原则

国防教育的对象是全体国民，其内容丰富，教育过程长，具有特殊的目的性，应遵循以下原则。

---

① 习近平．决胜全面建成小康社会 夺取新时代中国特色社会主义伟大胜利：在中国共产党第十九次全国代表大会上的报告[N]．人民日报，2017-10-28(1).

1. 持之以恒，不断深入

国防教育是一项长期教育，非一朝一夕能够完成。国防教育的长期性是由国家存在的长期性所决定的。

国防教育与其他教育不同，其目的具有较强的特殊性。国防教育的内容大多与人生观、价值观相联系，而人生观、价值观的形成和培养是一个较为复杂和漫长的过程，往往需要经过长期的直接教育和间接教育，并且教育贯穿人的一生。除此之外，国防教育的长期性还与中国特色社会主义新时代的国际环境有着直接联系。现阶段世界处于政治格局多极化、经济全球化的发展时期，国际社会的总体发展趋势为和平与发展。在和平时期，人们很难直接感受到国防危机，然而又不得不进行国防教育，以备不时之变，从这一点看，国防教育在任何时刻均不能放松。

国防教育的长期性决定了国防教育必须遵循持之以恒、不断深入的原则，不断与时代特色相结合，创新国防教育方法，对国民进行潜移默化的国防教育。

2. 服从大局，注重实效

国防教育必须遵循服从大局、注重实效的原则。改革开放以来，我国确立了以经济建设为中心的基本方针，数十年来取得了一系列硕果。由于未来的国际发展趋势仍以和平与发展为主，我国国内发展仍然要围绕经济建设这一中心，正确处理经济建设和国防教育之间的关系，不断推动我国经济和国防协调发展。

3. 坚持改革，与时俱进

任何时期的国防教育均需与该时期的国内外政治、经济、科技等相联系。例如，20 世纪中后期以来，科学技术获得了突飞猛进的发展，国防科技随之发展，国防教育也相应发生了较大变化。又如，21 世纪以来，随着互联网信息技术的发展，传播媒介和传播模式发生了较大变化，国防教育的途径也相应产生了变化。由此可见，国防教育应遵循坚持改革、与时俱进的原则。

（二）国防教育的方法

国防教育是一项长期的、系统的工程。国防教育的对象具有广泛性的特点，且国防教育内涵丰富，因此在进行国防教育时应采取具有实效性的方法。具体来说，国防教育的方法主要包括学校教育法、媒体教育法、自我教育法、典型教育法、形象教育法等。

学校教育法主要针对不同教育阶段的学生。在学校教育中纳入国防教育，能够使学生形成正确的国防教育观。

媒体教育法主要指借助传统大众媒体和各种新媒体进行国防教育。媒体教育法的优点在于其所针对的教育对象具有广泛性，可运用的形式具有多样性，能够在潜移默化中使民众形成正确的国防教育价值观。

自我教育法是指国民在外界的影响下，自行搜集学习国防、军事、科技等方面的资料，不断提升国防教育素质。

典型教育法是一种以全体国民为对象的教育方法，具体是指以培养和树立典型的方式推动国防教育的开展，推动国民国防综合素质的不断提高。

形象教育法也是一种面向全体国民的国防教育方法，主要借助影视、文学、音乐、美术、舞蹈等艺术形式传播国防教育思想，通过生动活泼、直观形象的艺术方式在潜移默化中提升国民的国防综合素质。

五、国防教育的意义

国防教育具有十分重要的意义，主要包括以下几个方面。

（一）国防教育有利于推动我国的国防现代化建设

国防建设是维护国家长治久安，不断提升国家的国际地位的重要因素之一。自 20 世纪以来，随着第三次科技革命的兴起，社会生产力不断进步，国防技术不断发展，国防建设越来越朝着现代化的方向发展。

国防现代化的快速发展一方面以经济作为物质基础，另一方面以科学技术作为持续动力。在国防现代化建设中必须不断将新技术应用到国防领域，才能推进国防现代化建设，使我国的国防建设走在世界各国的前列。

国防教育能够使全体国民认识到国防建设在国家存亡中所起的重要作用，提升国民的国防意识，培养国民尤其是青少年献身国防的意识。只有青少年尤其是掌握现代科学知识和技术的青少年通过应征入伍、直招士官等多种渠道进入军队，充实军队高素质人才队伍，才能不断提高我国国防科技水平。从这一视角看，国防教育有利于推动我国的国防现代化建设。

（二）国防教育有利于培养新型军事人才

21 世纪，人才是最宝贵的社会资源。人才兴则国家兴，推动国防建设的重要方法之一即培养大量综合素质强的军事人才。当前，人类即将迎来以互联网产业化、工业智能化、工业一体化为代表，以人工智能、清洁能源、无人控制技术、量子信息技术、虚拟现实以及生物技术为主的全新技术革命。在这次革命中，谁先掌握这些技术，并将这些技术应用于国防建设，谁就能在国防建设中获得领先地位。而推动国防技术发展的关键在于人才。因此，只有培养大量掌握新技术的新型军事人才，才能真正壮大国防力量，推动国防建设的持续发展。

国防教育内涵丰富，通过对青少年尤其是大学生等具有较高知识水平、掌握了一定高科技知识和技术的高素质人才进行系统的国防教育，能够引导他们通过各种形式参军入伍，能够充实国防力量，更好地培养新型军事人才。

（三）国防教育有利于提升我国国民的综合素质

国防教育内涵丰富，不仅包含国防思想、国防理论、国防历史等内容，还包含军事技术和战术训练，在培养国民正确的国防观念的同时，能够切实提升国民的综合素质。

例如，学校国防教育中除了理论教育课程之外，还对学生进行军训。通过军训，不仅能够丰富学生的军事理论知识，还能够切实磨炼学生的意志，提升学生的身体素质。由此可见，国防教育有利于培养学生的身体素质、思想道德素质和科学文化素质，在提升国民的综合素质方面起着十分重要的作用。

第二节　国防教育中蕴含的爱国主义精神

国防教育内涵丰富，其中的国防思想教育中即包含着爱国主义精神，本节主要对国防教育中蕴含的爱国主义精神进行详细分析。

一、国防教育中的爱国主义精神教育

国防思想教育是国防教育的重要组成部分，其中包含着爱国主义教育，主要体现在以下两方面。

（一）爱国主义动员

爱国主义动员是国防思想教育中的重要组成部分。爱国主义动员中要求国民培养国家主权意识，因为只有具有强烈的国家主权意识，才能在国防安全面临威胁之时激发起民众强烈的爱国主义意识。爱国主义动员还要求培养国民的居安思危、防患未然的意识。爱国主义动员任何时候都不能放松，即便是和平时期，国民也必须保持居安思危、防患未然的意识。

现阶段，世界发展趋势以和平与发展为主，但随着经济全球化进程的加快，世界各国之间在相互合作之外，不可避免地会产生各种摩擦与矛盾。我国国民在注重发展的同时，必须接受爱国主义动员教育，强化国家主权意识和居安思危意识，以防患未然、未雨绸缪的精神应对未来的种种挑战。

天下兴亡、匹夫有责的精神是爱国主义动员的重要内容之一，也是中华民族数千年优秀文化的精髓。国家是国民个人生存和发展的基础，当国家遭遇危机时，每个身处其中的国民均有义务和责任挺身而出，维护国家主权，保卫国家安全。例如，近代中华民族在遭遇西方列强侵略之际，无数中华儿女筑成牢不可摧的长城，誓死捍卫国家和民族的安全，最终将侵略者彻底赶出中国，维护了国家和民族安全。

（二）国家认同

国家认同是国防思想教育的重要组成部分。国民只有认同国家的基本制度、政党以及政策，才能对国家产生深厚的情感，才能激发和培养爱国主义精神。

国家认同是国家对公民的基本要求，高于其他任何认同。中华民族的国家认同具有十分悠久的历史传统，并且内涵丰富，包括国家地理空间的认同、国家历史认同、国家文化认同、国家信仰认同、国家政治体制认同等。

国家地理空间认同是指国民对所在国家的国家地域范围有着清晰而明确的认同。

国家历史认同是指国民认同国家的历史。中国从原始社会后期的“五帝时代”到夏、商、周、春秋、战国等奴隶制社会，再到秦、汉、魏、晋、南北朝、唐、宋、元、明、清封建帝国时期，历经数千年。只有认同国家的历史，才能真正形成国家认同。

国家文化认同是指中华民族在数千年历史中形成的对各种文化的认同。文化认同既包括对不同区域文化（如西域文化、敦煌文化、闽南文化、中原文化等）的认同，也包括对特定时代和王朝形成的历史文化（如唐文化、秦汉文化、明清文化等）的认同，还包括对不同族属文化（如西戎文化、鲜卑文化、百越文化等）的认同。中华民族文化是多元一体的文化，该文化的本质即国家文化。从这一视角看，国家文化认同是国家认同的重要组成部分。

国家信仰认同包含在国家文化认同之中，是国家认同的重点内容之一。

国家政治体制认同也是国家认同的重要组成部分。不同时期，同一国家的政权组织形式不同，同一时期世界上不同国家的政权组织形式也不尽相同。例如，中华人民共和国成立后确立了工人阶级领导的、以工农联盟为基础的人民民主专政的社会主义国家，社会主义制度是中华人民共和国的根本制度，任何中华人民共和国公民均需认同社会主义制度。

国家认同是爱国主义思想教育的重要组成部分，也是爱国主义思想教育的基础。只有提高公民的国家认同意识，才能激发和培养公民的爱国主义精神。

二、抗美援朝时期国防教育中的爱国主义意识教育

中华人民共和国成立初期，我国面临着百废待兴的局势，并受到严峻的安全威胁。1950 年，美军突然插手我国邻国朝鲜内政，并将战火烧至我国边境，严重威胁着我国国防安全。面对这种形势，我国国家领导人高瞻远瞩

地提出了“抗美援朝，保家卫国”的口号，支援朝鲜人民抗击美国侵略者。与此同时，为了保卫和巩固国防，在抗美援朝战争期间进行了以培养爱国主义精神为主要目标的大规模的国防教育。

（一）建立爱国主义宣传制度

抗美援朝时期，为了进行行之有效的国防教育和爱国主义教育，我国迅速出台宣传制度，为爱国主义意识教育奠定了重要基础。

1951 年 1 月 1 日，中共中央出台了《关于在全党建立对人民群众的宣传网的决定》，其中明确提出为了对人民进行经常性教育，在党的各个支部设立宣传员，在党的各级领导机关设立报告员。宣传员主要负责以读报等形式向党内人员和人民群众宣传国内外时事以及国家政策。报告员的主要职责为向人民群众进行经常性的时事、政策和工作任务以及工作经验的系统报告。宣传员和报告员制度的确立极大地推动了党的宣传队伍的发展，在抗美援朝的爱国主义宣传中起到了十分重要的作用，推动了抗美援朝爱国主义宣传队伍的扩大、宣传工作的深入化和制度化发展。

抗美援朝时期，由于中华人民共和国成立不久，我国文盲数量较多，且我国媒体宣传渠道刚刚建立，存在交通不便以及信息流通不畅的实际困难。宣传制度的确立极大地扩大了我国的宣传队伍。作为距离人民群众最近的宣传工作者，宣传员不但在日常生活中借助会议等形式广泛宣传爱国主义政策，对人民群众进行爱国主义教育，而且以开展小组会、组织读报等各种方式或方法让人民群众能够得知并正确理解党的方针和政策，理解抗美援朝、保家卫国的必要性和重要意义。

除此之外，宣传员和报告员还通过发动群众排演小剧、出班报或墙报以及在民众学校中进行宣传等方式，广泛宣传抗美援朝运动，号召广大人民群众团结起来，积极参加或支援抗美援朝运动，保家卫国。

（二）发动媒体宣传

1950 年 11 月，中央人民政府新闻总署、新华出版社陆续发布了《关于报道抗美援朝保家卫国运动内容的指示》和《关于抗美援朝保家卫国运动的报道应注意问题的指示》，对抗美援朝运动期间的宣传报道提出了具体要求。

我国抗美援朝时期的爱国主义媒体宣传以报纸和广播为中心，同时出版了大量的爱国主义读物。

1. 报纸和广播媒体宣传

抗美援朝时期，中华人民共和国的媒体尚处于建设时期，《人民日报》、中央人民广播电台、新华社等媒体均全力投入抗美援朝、保家卫国的宣传工作中。

例如，《人民日报》是中华人民共和国的主要媒体之一，是党和群众联系的重要纽带。抗美援朝战争爆发后，《人民日报》承担起宣传和报道的重要职责，发布了一系列社论和时评，包括《中国人民志愿部队抗美援朝保家卫国的伟大意义》《继续扩大与深入抗美援朝保家卫国运动》《广泛订立并认真执行爱国公约》《努力完成和继续扩大捐献武器运动》等。在抗美援朝战争期间，《人民日报》刊登了大量关于战争的报道以及战场照片，紧跟抗美援朝爱国主义实践活动的每一个环节，积极引导人民关注抗美援朝爱国主义运动的方方面面，并且针对抗美援朝时期的各种爱国主义实践活动及时总结经验，提出改进的意见和措施。这些报道对抗美援朝爱国主义运动的组织和实施起到了良好的示范和推动作用。

除以上报道形式之外，《人民日报》在抗美援朝期间还推出了《抗美援朝专刊》和《我们伟大的祖国》专栏，借助报纸对人民群众进行爱国主义宣传和动员。除了《人民日报》之外，其他报纸（如山东的《农村大众》、山西的《山西农民报》等）也纷纷效仿《人民日报》，通过开辟专栏的形式以抗美援朝以及爱国为主题进行专题报道。

除报纸之外，在抗美援朝期间，我国还充分利用中央人民广播电台对抗美援朝的新闻、社论以及抗美援朝期间组织的各种爱国主义活动进行报道，并进行了“美国真相”“赴朝慰问的同志广播”“中国人民志愿军政治部主任甘泗淇的广播”等专题报道，对抗美援朝进行报道以及深入解读。

抗美援朝时期，我国国防教育中的爱国主义教育内容十分丰富，除了“抗美援朝，保家卫国”主题的报道之外，还包括热爱祖国大好河山、珍视中华民族历史文化的内容，保护历史文化遗产的内容，尊重祖国语言文字的内容，尊重和爱护国旗、国徽、国歌的内容。

以报纸和广播为主的报道形式极大地推动了抗美援朝时期的爱国主义宣

传教育，增强了民众的国家认同感以及爱国主义情感。

2.爱国主义读物

抗美援朝期间，除了借助报刊和广播对爱国主义进行宣传之外，我国文艺创作者还创作了大量爱国主义读物。

例如，1951 年我国出版了大量抗美援朝读物，这些抗美援朝读物大多由报刊媒体上的文章汇编而成。

除了专门的爱国主义读物之外，我国各期刊在抗美援朝期间刊登了大量爱国主义主题的文章或开辟了相关专栏。例如，1951 年，《中国青年》上发表了《新中国与新爱国主义》《关于爱国主义的几个问题》《学习列宁的爱国主义榜样》等一系列与爱国主义主题相关的论文，对爱国主义的相关问题进行了深入分析。另外，《新中华》刊登了《新爱国主义的几个基本问题》和《论鲁迅的爱国主义》，《科学通报》刊登了《南京教育科学工作者举行抗美援朝保家卫国座谈会》等，东北地区的《工人之家》开辟了《爱我们的祖国》专栏，等等。这些爱国主义读物或期刊均以“抗美援朝”和“爱祖国”为主题，其中蕴含着深厚的爱国主义情感，对激发群众的爱国主义情感、反映中华儿女的爱国主义精神、推动爱国主义教育运动起着十分重要的作用。

三、抗美援朝时期国防教育中的爱国主义实践教育

抗美援朝时期，除了利用媒体进行爱国主义主题的报道之外，我国还广泛开展各种形式的爱国主义实践教育。

（一）爱国主义签名活动

第二次世界大战后，世界各地局部战争的不断升级促进了世界和平民主运动的发展。1950 年 3 月，世界保卫和平大会常设委员会发表了《斯德哥尔摩宣言》，号召世界各国人民在和平宣言上签名。中国保卫世界和平大会委员会随即在国内组织和平宣言签名。抗美援朝前，中国人民政治协商会议全国委员会将和平宣言签名与反对以美国为首的西方殖民侵略者侵略朝鲜的斗争结合起来，在全国范围内引发了大规模响应。1950 年 10 月，中国人民抗美援朝总会成立，并迅速组织和带领全国各地、各阶层人民纷纷开展爱国主义签名运动，有力地推动了我国爱国主义教育。

（二）爱国主义捐献活动

中国人民抗美援朝总会在抗美援朝期间担负着组织全国人民开展各种抗美援朝、保家卫国活动的职责，广泛动员人民群众参与到抗美援朝活动中去。例如，积极开展爱国主义捐献运动。

1950 年 10 月 26 日，中共中央发出《关于在全国进行时事宣传的指示》，其中提出人民群众可以自愿向人民志愿军和朝鲜人民写信表示敬意和决心，掀起了全国各地向抗美援朝前线邮寄慰问信和慰问金的热潮。

1951 年 6 月 1 日，中国人民抗美援朝总会发出了推行爱国公约、捐献飞机大炮和优待烈军属的号召。与此同时，《人民日报》发布相关社论，号召人民开展爱国主义捐献活动。之后，全国各地的抗美援朝分会及工农兵学商各界纷纷开展爱国主义捐献活动。

抗美援朝时期的爱国主义捐献活动规模空前，群众参与人数多，捐献金额大，极大地激发了人民的国际主义和爱国主义激情，进一步提升了国防教育的效率。

（三）爱国主义拥军活动

在抗美援朝战争中，数以百万计的中国人民志愿军参加了战争。在战争中，中国人民对人民志愿军的支持在战争中起着十分重要的作用。当中国人民志愿军在遥远的异国他乡作战时，国内广泛开展了爱国主义拥军活动。

抗美援朝战争是一场现代化战争，我国迫切需要组织一支现代化、正规化的国防军和培养现代化的军事干部。为此，在抗美援朝战争初期，中央人民政府人民革命军事委员会和政务院发出《关于招收青年学生个人参加各种军事院校的决定》。1951 年 6 月 24 日，中央人民政府人民革命军事委员会和政务院发布《关于各种军事干部学校招收学生的决定》，号召爱国青年参军入伍，以实际行动弘扬爱国主义精神。

为了解决广大中国人民志愿军的后顾之忧，中国人民抗美援朝总会在成立后积极号召全国各地开展拥军优属活动，号召全国人民共同关注和帮助军烈属解决生产和生活问题。

1950 年 12 月 22 日，中央人民政府内务部、人民革命军事委员会总政治部联合发出《关于新旧年关开展拥政爱民和拥军优属运动的指示》。随之，全国各地的爱国主义拥军活动以各种形式展开。此外，在做好中国人民志愿军的拥军优抚活动之余，全国各地还以拥军优抚为主题开展了文艺作品创作和传播活动。爱国主义拥军优抚活动的展开使军、烈属的生活和政治地位显著提高，极大地鼓舞了战场一线的中国人民志愿军，推动了我国爱国主义教育的发展。

（四）爱国主义生产竞赛活动

抗美援朝战争初期，正值中华人民共和国成立初期，中华民族经受百年战乱的荼毒终于建立了主权独立的国家。然而，长年战乱对我国经济、文化产生了极大的破坏，我国面临着百废待兴的局面。我国在短期内不适宜再次参加战争，但出于保家卫国和国际主义精神不得不进行抗美援朝战争。战争需要有坚实的物质保障，这对我国国民经济提出了巨大挑战。

抗美援朝战争爆发后，我国人民表现出强烈的支援战争、保家卫国的爱国主义热情。中国人民抗美援朝总会和全国总工会提出了开展爱国生产竞赛的号召，号召各行各业的人民群众充分发挥主观能动性，开展爱国生产竞赛活动。爱国主义生产竞赛活动的开展一方面为我国国民经济的快速恢复与发展奠定了良好的基础，另一方面极大地推动了我国爱国主义教育。

（五）爱国主义增产节约活动

1951 年 10 月 23 日，中国人民政治协商会议第一届全国委员会第三次会议召开，在这次会议上提出了“增加生产，厉行节约，以支持中国人民志愿军”的口号，之后在全国范围内开展了轰轰烈烈的爱国主义增产节约活动。

爱国主义增产节约活动引导全国人民对中国国情产生了较为详细的了解，极大地激发了人民群众的爱国主义热情，取得了较好的成效，为保障抗美援朝战争的顺利推进以及中华人民共和国的经济发展、政治稳定、国防教育和国家建设做出了重要贡献。

（六）爱国主义卫生活动

中华人民共和国成立后，为了提升人民的整体素质，推动民族发展和国家建设，我国开展了轰轰烈烈的爱国主义卫生活动。

抗美援朝期间，我国国家领导人在关注战况的同时，十分关注国民身体健康，因为只有国民身体健康，才能减少人力损失，为政治、经济的发展奠定良好的基础。此外，抗美援朝中后期，随着抗美援朝战争进入相持阶段，美帝国主义侵略者在战争中大肆使用细菌战对中国人民志愿军进行打击。在这一背景下，我国开展了广泛的爱国主义卫生防疫运动，使我国的卫生状况获得了较大改善，并且在此次运动中对人民群众进行了良好的爱国主义教育。

抗美援朝时期的国防教育和爱国主义教育贯穿抗美援朝活动的各个环节。通过国防教育和爱国主义教育，人民形成了坚实的爱国统一战线，有力地保障了抗美援朝战争的胜利，同时为我国国防安全的巩固做出了重要贡献，为战争时期的国防教育和爱国主义教育积累了大量实践经验。

第三节 借助国防教育培养新时代爱国主义精神的创新路径

进入中国特色社会主义新时代后，我国对国防教育越来越重视。本节主要对借助国防教育培养新时代爱国主义精神的创新路径进行分析和研究。

一、借助学校国防教育，进行新时代爱国主义教育

国防教育的国防思想教育中蕴含着爱国主义思想教育的重要内容，对在校青少年开展思想政治理论课程教学时，教师可以对其中的爱国主义思想进行详细阐释，并通过大量教材对学生进行爱国主义教育。

例如，通过对抗美援朝时期国防思想教育开展新时代爱国主义教育。抗美援朝战争是中华人民共和国成立后与当时世界上最强大的帝国主义国家之间的现代化战争，在此战争中我国国家领导人提出了诸多国防理论思想。抗美援朝战争还是中华人民共和国史上大规模的国防战争，其在战场上的每一次胜利均是活生生的国防教育典型素材。用抗美援朝战争中蕴含的爱国主义

思想对新时代青少年进行爱国主义教育一点也不过时。

近年来，为了推动我国国防教育的发展，在各级各类学校中普遍开展军训课程。军训课程中除了对学生进行基本的军队队列等训练之外，还会对学生进行爱国主义理论培训，从而推动新时代爱国主义教育的发展。

二、借助树立典型形象的途径，培养新时代爱国主义精神

树立典型形象是国防教育中进行新时代爱国主义精神培养的重要途径。典型形象往往具有代表性，对普通人民具有较大的精神鼓舞力量。

以抗美援朝为例。抗美援朝活动是一场具有国际主义精神、保家卫国的活动，在抗美援朝战争中涌现出了大批典型的英雄，他们均在保卫国家安全时付出了生命的代价，诠释了爱国主义精神。这些爱国主义精神在实现中华民族伟大复兴的中国梦中同样存在巨大意义。

（一）祖国和人民利益高于一切的爱国主义精神

抗美援朝战争中，中国人民志愿军表现出祖国和人民利益高于一切，为了维护国家和民族尊严而奋不顾身的爱国主义精神，为爱国主义精神培养树立了活生生的典范。

70多年前，面对国防安全，无数中华儿女踊跃参加中国人民志愿军（图6-2）。面对艰苦的战斗条件、装备精良的敌人，中国人民志愿军毫无抱怨，没有任何附加条件，凭着一腔浩然正气以及强烈的爱国主义精神英勇地跨过鸭绿江，在异国战场流血牺牲。

图 6-2 战士们纷纷报名参加抗美援朝战争

在国内，中华儿女纷纷开展捐款捐物、增产节约活动，在无数战线上涌现出一批典型模范。

进入中国特色社会主义新时代，中华民族在实现伟大复兴的中国梦的道路上仍然面临着不同的任务，仍然需要广大中华儿女拿出祖国和人民利益高于一切的爱国主义精神，凝聚万众一心、共克时艰的强大民族合力，维护祖国利益和民族尊严。

（二）英勇顽强、舍生忘死的革命英雄主义精神

抗美援朝战争中涌现出大量英勇顽强、舍生忘死的革命英雄，他们树立了典型的革命英雄形象。

杨根思是抗美援朝战争前期涌现出来的革命英雄，为人民志愿军战士树立了祖国和人民利益高于一切的爱国主义典范形象。在杨根思牺牲后，他的事迹在中国人民志愿军中广泛流传开来，激励了无数中国人民志愿军战士。

黄继光在长津湖战役中的英勇行为就继承了杨根思的爱国主义精神，发扬了舍生忘死的革命英雄主义精神。

在长津湖战役中，20 军 59 师 177 团 2 营 6 连、20 军 60 师 180 团 1 营 2 连、27 军 80 师 242 团 2 营 5 连的战士在长津湖 –40 ℃的严寒中身着单薄的御寒衣物，一直坚守在阵地上，以钢铁般的意志战斗到最后一刻。

中国人民志愿军战士邱少云在潜伏过程中被敌人的燃烧弹波及，身上的伪装物立刻燃起了大火。然而，为了不暴露战友，邱少云以极大的毅力忍受着烈火焚烧的疼痛，一声不吭，直至牺牲。最终邱少云的牺牲换来了潜伏战斗的胜利。正是抗美援朝战争中每一个志愿军战士的付出换来了抗美援朝战争的最终胜利。

在现代国防教育中，以抗美援朝时期典型的革命英雄形象为榜样，能够激励新时代中华儿女在国家利益受损时继承和发扬前辈的英勇顽强、舍生忘死的革命英雄主义精神，为祖国国防建设做出重要贡献。

三、通过国防实践教育基地来培养新时代爱国主义精神

近年来，我国越来越重视国防实践教育，并建立了专门的国防实践教育基地。国防实践教育基地能为开展国防教育和爱国主义教育创造独特的教育环境，让学生近距离感受国防战争的残酷、国防建设的强大所带来的影响以及国防教育中蕴含的丰富的新时代爱国主义精神。

以抗美援朝实践教育基地——抗美援朝纪念馆为例。抗病援朝纪念馆位于辽宁省丹东市鸭绿江畔，该馆设置了序厅、抗美援朝战争厅、抗美援朝运动厅、中朝友谊厅、中国人民志愿军英烈厅、纪念厅等，较为全面、真实、客观地反映了抗美援朝战争和抗美援朝运动的历史。抗美援朝纪念馆的各个展厅中陈列着大量抗美援朝战争中的实物，以及大量图片等，能够瞬间将人们带到抗美援朝战场，让人们感受到战争的残酷以及中国人民志愿军战士表现出来的抗美援朝精神。

另外，抗美援朝纪念馆中还设置有纪念塔、全景画馆、国防教育园等。其中，国防教育园设有兵器体验区、军事拓展训练区、少年军校、巷战对抗

演练区、红蓝军对抗演练区等几个活动项目区，可以对各类人群进行国防教育。在国防实践教育中，还可以通过不同主题的设置将抗美援朝的精神融入其中，从而在对人们进行国防实践教育的同时，培养他们的新时代爱国主义精神。

例如，抗美援朝精神中包含着不畏艰难困苦、始终保持高昂士气的革命乐观主义精神。中国人民志愿军战士在冰天雪地中战斗，在缺衣少食、物资稀缺的情况下依然保持着坚强与乐观。没有水喝，中国人民志愿军将雪放入壶中烧水喝；在打了胜仗后，在新年到来时，他们以雪水代酒进行庆祝（图6-3）；在执行潜伏任务时，为了不被敌人发现，中国人民志愿军在零下数十度的天气中不能生火，只能一口炒面一口雪借以充饥；在远离战争前线的地方，为了保障物资补给尽快送到战场上，送到每一位志愿军战士手中，成千上万的铁道兵、工程兵、汽车兵、防空兵和敌人斗智斗勇，敌人前脚炸毁了大桥、铁路，他们后脚就日夜不休地进行桥梁和铁路修复，建立了“打不断、炸不烂”的钢铁运输线，保障了前线的物资供应……在这样恶劣的条件下，中国人民志愿军取得了一场又一场胜利，用一腔爱国之情保卫了祖国边防安全。

图 6-3　人民志愿军战士以水代酒庆祝新年到来

又如，抗美援朝精神中蕴含着为完成使命，慷慨奉献一切的革命忠诚精神。在抗美援朝纪念馆中，人们在参观时可以充分感受到人民志愿军的这一爱国精神，通过杨根思、黄继光、邱少云等一个又一个英雄人物了解抗美援朝战士为了祖国利益而牺牲一切的精神。在长津湖战役中，许多将士直至冻死也仍然坚守在阵地上，保持着随时准备冲锋的姿势。还有许多战士在严寒天气中被冻坏了手脚，然而当冲锋号响起时，他们仍然奋勇向前，参加到战斗之中。

再如，抗美援朝精神中还蕴含着为人类和平与正义事业而奋斗的国际主义精神。中国人民志愿军战士被朝鲜人民誉为“真正的国际主义的军队”。他们在朝鲜战场上流血、牺牲，付出了宝贵的生命，然而对朝鲜的一山一草一木十分爱护，不拿朝鲜人民的一针一线，与朝鲜军民团结一致（图6-4），保护了祖国的边防安全，也维护了区域安全和世界和平。

图6-4　朝鲜军民与中国人民志愿军一起跳舞

新时代，在实现中华民族伟大复兴的中国梦的路上，中华儿女面临着更加复杂的国际形势，需要以居安思危的精神时刻准备着维护祖国的边防安全，推动祖国的边防建设。只有不畏艰难困苦，始终保持高昂士气，发扬革命乐观主义精神，秉持革命忠诚精神，牢记国际主义精神，才能推动新时代爱国主义精神教育的不断创新与发展。

第七章 借助新媒体创新新时代爱国主义精神培养路径

把爱国主义主题融入贯穿媒体融合发展，打通网上网下、版面页面，推出系列专题专栏、新闻报道、言论评论以及融媒体产品，加强县级融媒体中心建设，生动讲好爱国故事、大力传播主流价值观。

——《新时代爱国主义教育实施纲要》

第一节　新媒体概述

新媒体是随着数字信息技术而发展起来的有别于传统媒体的新型媒体。媒体是信息传递不可或缺的媒介，数字信息技术的发展对报纸、期刊、广播、电视等传统媒体产生了巨大冲击，推动了新媒体的发展。

一、新媒体的定义

20世纪60年代，美国哥伦比亚广播电视网技术研究所所长戈尔德马克（Goldmark）首次提出了“新媒体”的概念，之后“新媒体”这一概念迅速传播至世界各地，并被各国人民普遍接受与使用。

新媒体是指利用数字技术，通过互联网、无线通信网等渠道，以电脑、手机和数字电视为终端，为用户提供音频、视频、语音数据服务、远程教育、在线游戏等集成信息和娱乐服务的一种传播形式。[①]

新媒体是相对于传统媒体而言的一种称谓，具有较强的时代特性。从历史维度看，新媒体是一个不断发展的概念。新媒体的“新”主要体现在两个方面。

新媒体的“新”一方面表现在技术方面。新媒体是以网络技术、数字技术和移动通信技术为依托发展起来的。随着科学技术的迅速发展，网络技术进入了Web4.0技术时代。

新媒体的“新”另一方面表现在形式方面。网络技术的发展为新媒体形式的改变奠定了重要基础。新媒体的传播形式依托新技术，可以实现在线传播，无论传播范围、传播时效还是传播信息量均颠覆了传统媒体形式。

二、新媒体的主要形式

新媒体的主要形式包括网络新媒体、手机新媒体和数字电视新媒体等。

① 黄志华．形象思维的延展全媒体时代广告创意探蠡[M]．成都：电子科技大学出版社，2018：181.

（一）网络新媒体

网络新媒体是指建立在网络基础之上的新媒体形式，主要包括搜索引擎、各类门户网站、网络报纸、电子书、博客、播客、网络广播、视频网站、SNS等，被称为与报纸、广播、电视并列的“第四媒体”。

与其他传统媒体相比，网络新媒体具有传播范围广、回溯性强、信息数据庞大、开放性强、操作简单、互动性强、以较低的成本取得较高传播效率以及综合性和感观性强的特点。

（二）手机新媒体

手机新媒体是继网络新媒体之后出现的新媒体形式，是在互联网信息技术和移动通信技术融合的基础上发展起来的。手机新媒体还是一种将手机作为信息接收终端的新媒体形式，包括短信、彩信、手机报纸、手机电视、微信、手机游戏、手机音乐等多种形态。手机新媒体的显著特征为数字化，具有方便携带和使用的优势。

（三）数字电视新媒体

数字电视新媒体即借助数字技术进行录制、传播、接收节目的新媒体形式，主要包括数字电视、移动电视等。

三、新媒体的代表类型

（一）门户网站

门户网站起源于20世纪90年代，是当前使用较广泛、传播效果较好的传播形式之一。它通过Web技术支持的页面来发布和收集信息、展示形象、提供服务、与受众互动等，可以用于网络大众传播，也可以用于网络组织传播。

门户网站的主体具有多样性，政府部门、商业组织、个人、社会机构、传统媒体以及互联网内容提供商、接入商、服务提供商等均可成为门户网站的主体。

门户网站属于网络信息传播的Web1.0时代的产物，其特点主要包括以下几个方面。

首先，技术相对较复杂。网站的建设技术并不复杂，但维护技术较为复杂，不仅需要进行长期、持续更新，还需要具备一定的硬件条件，以支撑网站的日常运营。因此，网站的主体多为组织形式，需要投入大量的人力、物力支持运营，如果没有相关的技术背景，个人网站往往难以维持。

其次，网站属于大众门户传播，因此具有传统的大众媒体特点。门户网站的主体往往为网站建设者或使用者，受众只拥有浏览信息的权利，不能对信息进行更改。因此，门户网站主体对网站上的信息具有高度的控制权。

再次，门户网站受众具有不确定性。门户网站保留了传统大众媒体的特点，当网站建成后，只能被动地等待受众点击浏览，不能对浏览对象进行选择。

最后，门户网站与传统大众媒体相比，具有一定的互动性，可通过电子邮件、留言板等方式与浏览网站的受众进行互动。此外，门户网站主体还拥有是否开放互动版块的决定权。

（二）博客

博客是2005年引进我国的网络信息传播形式，在短短几年内就得到大规模普及，对网络文化的形成与发展起到了不可忽视的作用。“博客”一词为音译词，最初以一种类似网络日志的形式出现。与网站相比，博客的技术门槛相对较低，操作和维护也相对简单，但在一定程度上能起到与网站传播类似的作用。

博客既是一种新媒体，又是一种自媒体，既具备媒体的属性与特点，又具备网络信息传播的特性。可以说，博客空间的传播类似舞蹈表演，周围全是观众，博主位于传播的中心。博客的出现对社会产生了广泛而深远的影响。

首先，博客带来了一种不同于传统媒体的个人发表方式，其不需要经过传统媒体或出版社的把关及许可，就可以自由地在网络上进行个人化内容发布。

其次，博客本身具有平台特点，博主可以进行知识生产、分享与整合，因此它成为网络信息时代一种全新的知识生产系统。此外，博客与博客之间还可以进行推荐和连接，从而促进个体与社会间的能量交换。

最后，由于博主身份的多样化，博客还推动了社会多元文化的发展。随着博客平台影响力的提升，博客中诞生了一批拥有庞大粉丝群的博主，其拥有较高的话语权，其影响力从平台延伸到社会上，对现实社会产生了一定影响。

一个博客空间只有一位博主，其在博客空间中占有绝对中心地位。传播内容高度自由化，只要在法律允许的范围内，博主可以自由发表个人言论；博客一般以文字、图片传播手段为主，播客则侧重音频和视频，传播手段相对单一；博客的传播节奏相对自由，可以一天数篇，也可以数天一篇。此外，博客是一种自媒体，博主可以在博客空间中发表自己的观点，使公共话语空间不再只有少数人的声音。

（三）微信

微信是 2011 年 1 月 21 日由腾讯公司推出的一个为智能终端提供即时通信服务的免费应用程序，支持发送语音、视频、图片和文字，同时可以使用“摇一摇”“朋友圈”“公众平台”“语音记事本”等服务插件。截至 2021 年 6 月 30 日，微信月活跃用户数达 12.51 亿人。

微信公众平台集服务与宣传功能于一体，可以实现与特定群体的文字、图片、语音的全方位沟通、互动。用户利用 QQ 号码或邮箱即可注册一个微信公众号。腾讯公司还提供平台认证服务，保证了平台的真实性与可靠性。

微信已经逐渐融入大学生生活的各个领域，深深地影响着大学生的学习方式、生活方式以及思维习惯。微信的基本特征如下：

首先，存储性好。虽然报纸的保存性能比较好，但是它的信息量不够大，而且传播的广度受地域的限制；电视广播虽然解决了传播的地域问题，可即时性传播，但是保存方面存在瓶颈。微信则不同，其兼具上述传统媒体的优点，而且易于保存，可以反复利用，传播速度快。

其次，应用资费的低廉化。我们都知道，手机短信每条发送出去都是 0.1 元，而且按照次数收费，这样如果想把表达的思想内容和对方交流清楚需要多次发送短信，必然会产生昂贵的费用。如果发送彩信为每条 0.5 元，其费用更是贵得离谱。微信则不同，它利用网络发送文字、图片等信息，用户仅需支付流量费用。同时，微信所有功能完全免费，并且有独特的图片语音压缩技术，这使用户可以用最少的流量传送尽可能多的信息。

再次，交流的互动性。微信交流的互动性表现在两方面：一是人和微信的互动。人可以随时随地与微信进行信息交流与反馈，表达某种观点和看法，或者通过输入一定的指令改变媒体的操作来获取信息。二是人以微信为媒介同其他人交流。不同的人可以利用微信的接收和传播功能来表达观点、交流思想，而且信息的接受和传达在一定程度上具有一定的平等性。微信还支持发送语音短信、群聊、视频、表情和文字，能给用户身临其境的感觉。

最后，实时的贴身性与强制性。微信伴随着移动互联网应运而生，具备高度的便携性。从技术层面看，微信几乎不受时间、地域的限制，可以随时随地传播与接收信息。它的贴身性还使信息发布者可以通过短新闻等形式将信息强制性地传播给受众，而且阅读焦点集中，这种信息传播的强制性是其他媒体所不具备的。

（四）微博

微博是微博客的简称，与博客相比，既是一种社交平台，又是一种即时通信工具。世界上最早的微博是美国的 Twitter（推特），其诞生于 2006 年 3 月。到 2007 年 5 月，全世界出现了 111 个类似美国 Twitter 的网站。[①] 2010 年，中国的四大门户网站腾讯、新浪、搜狐、网易都推出了微博，这一年也被称为中国的微博元年。

微博的传播结构不同于博客的舞台中心模式，是一种个人中心 + 内容关联的传播结构。在博客空间，博主可以依靠个人的力量与影响力对信息进行传播，而微博传播中除发挥个人力量外，还需要依赖传播者拥有的社会网络资源。微博的传播广度既与个人发布的内容质量有关，又与社会关联网络的质量有关。微博作为一种网络信息传播典型形式，其传播特点如下。

第一，内容微型化。相对于博客、论坛等来说，在微博上发布信息一般有字数限制，体现出了微型化特点。另外，微博的内容以文字为主，还可插入图片、音频、视频等。

第二，微博传播的移动化。微博既可以在电脑上登陆，又可以在手机、平板电脑等多个终端登陆，从而进行内容创作、发布、浏览等行为。由于其移动性较强，打破了时空限制，因此其内容的时效性更强，即时性特点明显。微博传播的移动化特点也使许多无暇进行长篇创作的专业人士参与到微

---

① 楚国清，周敏．青少年网络聊天管理研究 [M]. 北京：中国传媒大学出版社，2014：11.

博内容的构建中，提升了微博信息的专业性和权威性。

第三，微博交流具有开放性。微博既具有博客的个人中心特点，又可以通过评论的方式让外界信息进入，形成持续刺激。因此，微博可实现病毒式传播。

第四，微博传播具有碎片化特点。由于对字符数量的限制，微博所反映的信息呈现出碎片化的特点，这一特点虽然使其可以反映事物的具体细节，但是容易产生信息误导。

第五，微博具有信息传播与社交有机结合的特点。微博是一个信息传播平台，具有社交属性。其中，社交是信息传播的目的，信息传播则是社交的手段。这种特点使微博中一旦出现刺激性或关注度较高的话题，即可迅速在平台上引爆，成为公共话题。

四、新媒体的特征

新媒体的特征可以概括如下。

（一）新媒体的数字化特征

数字化是新媒体最为显著的特征。新媒体是随着数字技术的发展而逐渐兴起的。新媒体的数字化特征主要表现在以下几个方面。

1. 新媒体传播方式及接收终端的多样化和综合化

传统大众媒体传播是一种以单一的传统大众媒体为媒介的传播方式，如电视传播是一种以电视节目为媒介的传播方式，报纸传播是一种以报纸为媒介的传播方式。新媒体传播则呈现出多样化和综合化的特点，其既可以借助单一的传播媒介，又可以同时覆盖电视、电影、广播、报纸、杂志等传播媒介。

新媒体接收信息的终端既可以是电脑，又可以是手机、平板电脑等，接收终端呈现出多样化特点。

2. 实现了同一内容的多媒介传播

数字技术融合了传统媒介的表达形式，还打破了媒介之间的壁垒，使同一信息实现了多媒介传播。同一信息可以在报纸、杂志、广播、电视、互联网、手机、移动电视等多种媒介上进行传播。

3. 推动了传统信息生产和处理方式的转变

借助数字技术，新媒体改变了信息生产和处理方式。无论是信息生产方式、信息传播方式，还是信息存储形式，新媒体均较传统媒体产生了颠覆式的变化。

（二）新媒体的交互性特征

交互性是新媒体的重要特征之一。新媒体传播打破了传统媒体点对面的单向线性传播方式，采用交互传播方式实现了点对面、点对点和面对面的传播，体现出“处处是边缘，无处是中心”的传播特点。

传统大众媒体传播是由专门的机构在特定的地点和空间进行的传播活动，均有明显的传播中心。例如，电视媒介的传播中心为电视台，广播媒介的传播中心为广播电台，报纸、期刊、书籍等媒介的传播中心则是报社、杂志社、出版社。

新媒体传播采用的是四通八达、没有边界、没有中心的分散式结构，每一位用户都是互联网传播结构中的信息制造者、信息传播者以及信息接收者。在新媒体信息传播中，无论用户种族、职业、年龄如何以及有无权势，他们都是平等的主体。除了传统的大众媒体可以在网络上发布和传播信息外，每一位网民均可在网络上发布和传播信息。这种方式使每个人在网络信息传播中都是一个自媒体，因此新媒体呈现出了无中心传播的特点。

（三）新媒体的非线性传播特征

传统媒体传播是一种线性传播，也是一种自上而下的传播，其过程是传播者—信息内容—媒体—受众—效果，带有明显的单向流动性特点。在这种传播方式中，传统大众媒体占据绝对主导地位，受众则是信息的接收者。例如，报纸作为一种信息传播媒介，其信息直接传播给订阅报纸的人群。新媒体的传播则是一种非线性传播，强调受众的自主选择与反馈。

新媒体传播打破了这一线性传播，实现了双向互动传播，甚至多向互动传播。新媒体传播与传统媒体自上而下的传播不同，是一种自下而上的传播，其传播方式由传统大众媒体的单向流动向点对点的双向互动传播方式转变。新媒体传播中的信息受众也是的提供者与发布者。新媒体用户在浏览信息时，可以通过转发、评论或关注等多种方式与信息的发布者进行交流与互动，行使选择权、意见权以及参与权。除了双向互动之外，新媒体传播还可以实现多向互动传播。

（四）新媒体的即时性和共享性特征

传统媒体传播具有固定的出版周期和播出时间，对版面和时长均有严格的要求和规定，且传统媒体的传播受时空限制较大。而新媒体打破了传统媒体传播的时空限制，呈现出即时性和共享性的特征。

新媒体传播依托网络技术，大大提高了信息传播速度，使信息瞬间传播至世界各个角落，达到了即时发布信息和接收信息的效果。对信息发布者而言，新媒体的即时性可以使其随时更新和发布信息，以及 24 小时不间断发布信息，以便受众在第一时间了解信息。受众在接收信息后，还可以随时随地进行信息评论和信息共享。

（五）新媒体的个性化服务和小众化传播特征

传统媒体传播属于大众传播范畴，传统媒体所传播的信息大同小异，大众可以选择阅读哪份报纸，观看哪个频道的新闻，但对信息内容没有干预权和选择权。

新媒体除了面向大众传播信息之外，还能够为受众提供个性化服务，从而在大众传播之外实现小众化传播。例如，微信用户可以自主选择微信头像、背景并对交流互动对象进行分组，还可以自主选择与谁进行交流以及屏蔽谁的信息。又如，微博用户可以自主对主页进行装饰，从页面排版、好友管理到图片视频的分享等均体现出较强的自主性。

除此之外，在新媒体信息传播中，用户还可以自主决定接收信息的种类、时间以及是否对信息进行评论和分享等。

借助搜索引擎技术，新媒体用户可以根据不同的兴趣、爱好、职业等形成一个个不同的小圈子。例如，微信群、QQ 群、网络论坛等。这些小圈子中发布的信息通常具有小众化特点，体现出了新媒体小众化传播的特征。

（六）新媒体的媒介融合特征

新媒体传播融合了各种传统媒体传播形式，不断地丰富着现代化信息传播方式和表达方式，推动着媒介融合的发展。

新媒体兼容了文字、图片、声音、动画、影像等多种传播信息的方式，并且能够实现各类信息的不同组合。从这一视角看，新媒体结合了不同传统大众媒体的优点。除此之外，传统媒体借助新技术也可以蜕变为新媒体。例如，传统电视借助数字电视技术可以朝着数字互动电视转变。观众在观看电视节目的同时，可以自主搜索节目，从而改变传统电视的线性传播形式。

综上所述，新媒体的诞生与发展实现了人类传播史上的飞跃，新媒体的传播理念、传播方式、传播内容和表达形式均对社会产生了前所未有的影响，不断改变着人们的生活方式和思维习惯。

五、新媒体对社会的影响

新媒体对社会的影响主要表现在以下几个方面。

（一）新媒体对人类的生活方式产生了较大影响

新媒体传播是一种兼具传统大众媒体传播特点的传播形式，新媒体的兴起和快速发展对传统媒体产生了较大冲击。

新媒体打破了传统媒体霸权，对传统媒体的生态环境和基本格局产生了较大冲击。新媒体时代，人类的学习方式、工作方式、娱乐方式、信息获取方式、交往方式、消费方式等均发生了较大变化。

例如，新媒体时代，人类的学习和工作不再局限于固定的场所，而是打破了原有的地理限制，实现了在线学习和远程工作。

又如，人类的交往方式不再局限于面对面交往，而是打破了时间和地域的限制，实现了跨国交往、跨年龄交往等，极大地拓宽了人际交往的领域，提高了人际交往的效率。

（二）新媒体对媒体与公众关系的影响

新媒体改变了传统大众媒体时代下媒体与公众的关系。在传统大众媒体时代，传统大众媒体承担着新闻生产、发布和传播的功能，公众则单纯是信息的受众和消费者。两者在信息传播中的角色和地位截然不同。在传统大众媒体时代，媒体与公众之间是一种单纯的信息输出和接受的关系。

新媒体改变了媒体与公众的关系。新媒体传播朝着大众化和小众化兼顾的方向发展，媒体不再是新媒体时代唯一的信息发布者和传播者，公众也不再是单纯的信息接收者。在新媒体时代，公众除了接收信息之外，还可以分享和传播信息。除此之外，公众还可以对信息进行评论，并且发布新的信息。

（三）新媒体对爱国主义教育的影响

新媒体的出现打破了传统爱国主义教育的方式，丰富了爱国主义教育的资源。传统爱国主义教育方式大多为学校面对面教育和媒体引导式教育。新媒体时代的爱国主义教育不再局限于这两种方式，而是在此基础上获得了提升和发展。

新媒体时代，学校教育突破了时间和空间的限制，可以共享教育资源。人们借助科学技术，在电脑或手机等终端设备上通过电子邮件、微信、微博等工具进行交流，极大地扩大了爱国主义教育的范围，实现了优质爱国主义教育资源的共享。

此外，保存在书籍、图片、图像等载体中的爱国主义教育资源均可以整理、上传并保存在网络中，可以随时随地以各种形式呈现，从而极大地提升了爱国主义教育资源的丰富性，为爱国主义学习和教育奠定了基础。

新媒体时代，爱国主义教育的主体不仅是受教育者，还可以是爱国主义教育资源的分享者和传播者，从而有利于不断拓展和创新爱国主义教育的方式和方法。

（四）新媒体对人类价值观的影响

价值观是人们对客观事物的意义、重要性的评价与看法。价值观一旦形成就不容易改变。对青少年来说，价值观正在形成的过程中。新媒体对青少年价值观的形成具有较大影响。一方面，可以通过正面、积极、向上的文字、图片、影视、动画等信息为青少年营造积极向上的网络环境，从而引导青少年形成正确的价值观。例如，通过对抗美援朝中真实存在的英雄人物事迹和爱国主义事件的宣传，让青少年近距离感受人民志愿军积极向上、昂扬不屈、永不放弃的精神，为青少年树立良好的榜样。

另一方面，新媒体信息中存在大量宣扬个人主义、享乐主义、极端自由主义和拜金主义等思想的信息，这些信息常借助网络游戏、文艺作品等对青少年产生潜移默化的影响，从而对引导青少年形成正确的价值观产生了较大阻力。

第二节　新媒体时代爱国主义精神培养的机遇与挑战

新媒体时代的到来改变了传统信息传播方式，对新时代爱国主义精神的培养带来了新的机遇与挑战。

一、新媒体时代爱国主义精神培养的机遇

新媒体时代爱国主义精神培养的机遇主要表现在以下几个方面。

（一）新媒体时代爱国主义精神培养时效性提升

新媒体传播具有即时性的特点，这一特点能够使与爱国主义相关的信息在短时间内传播至世界各地，有利于人民群众及时了解国内新闻大事，有利于培养人民群众关心国家时政和国计民生的爱国意识。

例如，抗美援朝出国作战 70 周年时，许多青少年对抗美援朝的历史不太熟悉。借助新媒体传播优势，青少年可以通过文字、图片、视频等方式全方位地了解抗美援朝战争，感受 70 年前中国人民志愿军的拳拳爱国之情，理解中国人民志愿军保家卫国、抗美援朝的动机和其中蕴含的爱国主义情感。

新媒体传播的即时性要求新时代爱国主义教育者必须争夺新媒体话语权，及时利用热点话题引导人民群众培养爱国主义精神。例如，以抗美援朝为背景的电影《长津湖》上映时在社会上引起强烈反响（图 7-1）。长津湖战役作为抗美援朝战争中的重要战役之一，集中反映了中国人民志愿军强烈

的爱国主义情感。我国媒体机构利用新媒体的即时性及时对长津湖战役的背景、地位以及其中涌现出来的英雄人物等进行报道，并对人民群众进行知识普及和爱国主义引导，取得了较好的爱国主义精神培养效果。

图 7-1　新浪微博上的 # 长津湖 # 话题分享

新媒体信息传播的即时性特点还能够使信息在较短时间内达到众所周知的效果。例如，抗美援朝纪念日那天，政府举行的大型纪念活动可以借助新媒体迅速传播至全国各地，从而让人民群众重温历史，培养他们的爱国主义精神。

（二）新媒体时代爱国主义精神培养资源丰富

新媒体中存在海量爱国主义教育资源，人们既可以浏览海量的教育资源，又可以借助新媒体的搜索功能查找需要的资源。

近年来，随着新媒体技术的快速发展，我国网民数量呈现出直线上升的趋势。尽管一些网民存在不当使用新媒体以及沉迷游戏的问题，但是大部分网民已养成了通过新媒体获取知识、查阅新闻的习惯。新闻涉及社会和国家的方方面面，蕴含着丰富的爱国主义教育资源，能够对网民进行潜移默化的爱国主义精神培养，培养人民群众的爱国主义意识。

除了对新媒体中的海量信息进行浏览之外，网民还可以对感兴趣的话题进行搜索。例如，在新媒体中搜索“抗美援朝”就可以获得抗美援朝的丰富资料，包括抗美援朝前的国内外形势，抗美援朝战争中敌我双方的战力部署、战备情况和每一次战役情况，国内人们对抗美援朝战争的支持，抗美援朝英雄连、英雄故事，与抗美援朝有关的书籍、艺术作品，等等。这些与抗美援朝相关的信息中蕴藏着丰富的爱国主义教育资源，有利于对不同年龄阶段的群体进行爱国主义教育。

（三）新媒体时代爱国主义精神培养方式拓宽

新媒体的兴起和发展对社会生活产生了较为全面而深远的影响，新媒体的功能主要表现在传播大众文化，推动社会交往方式变化、社会组织方式变革，推进社会主义民主政治建设，以及影响社会舆论等方面。

新媒体中存在大量丰富的、形式多样的爱国主义教育资源，包括文字资源、珍贵的图片资源、真实的视频资料以及符合新时代人们的审美观且具有趣味性和艺术性等的特色资源等。这些丰富的爱国主义教育资源为培养不同年龄阶段人民群众的爱国主义精神奠定了基础。

针对青少年群体，可以利用他们反感传统讲座说教、喜爱新奇生动的课程形式的特点，将爱国主义教材和爱国主义影视剧、爱国主义实践活动结合起来，从而提升青少年爱国主义精神的培养效果。例如，结合抗美援朝英雄故事和抗美援朝影视片段，对青少年进行爱国主义精神培养。

针对党员干部，可以通过党校课程与爱国主义讲座等形式对他们进行爱国主义精神培养。例如，邀请抗美援朝老兵、抗美援朝著作的作者、抗美援朝影视剧导演、历史学家等进行专题讲座，对党员干部进行深刻的爱国主义教育。

针对社会大众，可以通过大众喜闻乐见的影视剧、社会热点话题等对他们进行爱国主义精神培养。

综上所述，新媒体时代的到来极大地丰富了爱国主义精神培养的资源，拓宽了爱国主义精神培养的形式，从而为新媒体时代爱国主义精神的培养提供了机遇。

二、新媒体时代爱国主义精神培养的挑战

除了带来机遇之外，新媒体的开放性、多元性等特点，还对爱国主义精神培养提出了一系列挑战。

（一）新媒体时代爱国主义精神培养面临着多元化价值观的冲击

新媒体具有开放性的特点，在多元文化背景下，西方各种价值观借助新媒体快速传播至我国，对我国公民尤其是价值观和人生观尚未成熟的青少年产生了重要影响，主要表现在以下几个方面。

1.马克思主义价值观受到冲击

马克思主义价值观是中国特色社会主义建设的重要理论依据，也是新时代爱国主义精神的理论依据。然而，新媒体时代下各种价值观或思想涌入我国，对我国新时代爱国主义精神的理论依据产生了强烈冲击，进而影响到了新时代爱国主义精神培养的效果。

以微信为例。微信传播具有新媒体传播的自由化、信息来源多元化、信息传播者身份虚拟化等不可控的特点。因此，微信传播呈现出鲜明的双刃剑特点。

笔者曾在教学实践中对高校学生的信仰状况进行调查，调查对象为某大学2012级、2013级的学生，共发放问卷1 200份，回收问卷1 101份，有效问卷874份。

在调查问卷中，对于“你如今是否有个人信仰”，选择“A.明确信仰”的占24.83%，选择“B.信仰不明确”的占50%，选择“C.没有任何信仰”的占25.17%；在“你个人认为你最倾向下列哪种信仰”的选择题中，选“A.马克思主义信仰”的占39%，选择“B.某种宗教信仰”的占21.00%，选择“C.实用主义与功利主义”的占28%，选择“D.虚无主义与享乐主义”的占12%；关于“对'理想信仰是一个人成功的动力和精神支柱'这句话怎么看？”这一问题，表示“十分赞成”的占37.01%，表示“比较同意”的占59.56%，表示“不同意”的仅占3.43%；关于“马克思主义科学信仰对大学生来说是否重要”的选择题中选择“十分重要”的占43.56%，选择“不重要”的占8.38%，选择“没想过”的占48.06%；关于“你认为大学生的信仰是否存在危机”这一问题，选择“非常赞同”和“有些赞同”的分别占19.54%和62.27%，选择“不认同”和“无所谓”的仅占9.38%和8.81%。

从调查结果可以看出，被调查人员中具有坚定的马克思主义信仰的大学生占比仅为39%。大学生是未来社会主义建设的中坚力量，也是实现中华民族伟大复兴的中国梦的中流砥柱，只有坚定马克思主义信仰，才能成为合格的社会主义接班人，才能充分理解新时代爱国主义精神。

在新媒体传播中，一些人在热点事件发生后或政策发布时，借助微信平台发表不负责任的观点。另外，一些党员也出现政治信仰迷茫的问题，对马克思主义的一元指导地位和中国特色社会主义道路产生怀疑。这些都不利于新时代爱国主义精神的培养。

2. 出现享乐主义倾向

每个人都渴望实现自我价值，为社会多做贡献，尤其是青少年正值美好年华，本应确立正确、积极的价值观。然而，在全球化日益深入的时代，资本主义国家的各种价值观念正在对青少年的积极价值观产生冲击。现阶段，青少年群体中出现了享乐主义的倾向。一些青少年尤其是大学生追求物质享受、感官刺激，不愿吃苦，不愿经历挫折，以自我为中心，封闭、孤独、郁闷等是他们的写照。一部分大学生的头脑中充斥着享乐主义，使他们不愿意下苦功夫去学习，考试依靠作弊，作业依靠抄袭，在学校混日子，当一天和尚撞一天钟，浑浑噩噩，浪费青春。

3. 悲观情绪弥漫

大学生比一般人更加关注社会现实，关注个人生存发展的环境，关心国家政权建设，对民主、法治的发展要求更高。但有部分大学生缺乏正确的政治信仰，对社会阴暗面认识不清，导致对人生、社会产生悲观情绪，不利于个人成长。

（二）新媒体时代爱国主义精神培养面临着信息碎片化的挑战

新媒体时代，信息传播呈现出海量化的特点，人们想查找任何信息，均可以利用搜索引擎查找到。然而，新媒体传播还具有碎片化的特点。尤其是微信、微博等新媒体形式，单次传播的信息篇幅较短，信息量有限，极易形成碎片信息。

以微信为例。微信的突出特点是信息内容短，更新迅速便利，很容易形成快餐式的阅读习惯，而这种阅读习惯会造成摄取的信息零散和碎片化。这种碎片化传播易使公民在认识和理解一些问题时知其然不知其所以然。如果借助微信平台推送党的各项方针政策、党的理论知识、新时代爱国主义精神等方面的内容，则难以形成比较完整的理论体系，更谈不上对学生的思想意识产生深远影响。

以新媒体时代的抗美援朝精神传播为例。抗美援朝精神的内涵十分丰富，新媒体上抗美援朝的资料也呈现出立体而全面的特点，包括书籍、纪录片、大量史料、英雄故事、影视等。然而，这些海量资料在新媒体中的分布并不集中，呈现出碎片化的特点。

随着中国特色社会主义的发展，中国社会经济发展取得了巨大成果，推动了中国的现代化快速发展。在现代化社会中，人们的学习和工作压力越来越大，人们的时间被划分成各种碎片。新媒体大多在碎片时间将信息以碎片化的方式推送给人们。而新媒体传播的这一特点使人们对信息的了解呈现出碎片化的方式，对抗美援朝精神中体现出来的爱国主义思想的了解也呈现出碎片化的特点。

例如，在微博平台上搜索“抗美援朝”所获得的信息大多为与抗美援朝相关的电影、有关抗美援朝的活动等，这些信息多为图文、视频构成的碎片化信息。

新媒体传播碎片化的特点易使不完全了解抗美援朝的人民群众尤其是青少年受某些信息误导，难以对抗美援朝形成完整、系统的印象，难以全面理解抗美援朝中包含的爱国主义思想，不利于爱国主义思想的传播。

（三）新媒体时代爱国主义精神培养面临着教育环境复杂化的挑战

新媒体时代，受各种社会思潮和价值观的影响，爱国主义精神培养面临着教育环境复杂化的挑战。

以大学生的入党动机调查为例。笔者曾在高校对大学生的入党动机进行调查，结果显示：绝大多数大学生积极靠拢党组织，对共产党员的模范带头作用给予高度评价，但在入党动机上表现出强烈的功利主义倾向。其中只有1/5的被调查者是因为信仰入党，选择有利于就业和个人前途、是个人能力证明的分别占17.9%和10.96%，这反映出在我国改革开放、社会转型和发展社会主义市场经济条件下，大学生考虑问题越来越与个人利益相结合。这和当前社会大环境的浮躁、功利等思想有着直接关系。

由此可见，新媒体时代，爱国主义精神所面临的社会环境和网络环境越来越复杂，如果不能及时引导学生树立正确的价值观，对学生进行爱国主义教育，将对他们的成长成才产生负面影响。

（四）新媒体时代爱国主义精神培养面临着教育教学方法落后的挑战

青少年是祖国的未来，是爱国主义精神培养的主要对象。青少年的爱国主义教育大多蕴含在思想政治理论课教学之中，然而新媒体时代爱国主义精神培养还面临着教育教学方法落后、不能激发青少年的兴趣、教学效果不理想的挑战。其中，教育教学方法落后主要表现在以下几方面。

1. 教学观念落后

当前，思想政治理论课存在说教过多、教学手段落后、方式方法不适合青少年口味等问题，导致对相当一部分学生影响甚微。超过 1/4 的被调查学生认为大学思想政治理论课对自己影响不大；有近 1/10 的学生认为思想政治理论课的用处不大，没有起到应该起到的作用。

2. 授课内容枯燥

思想政治理论课教师的授课内容很难引起学生学习兴趣，也就很难让学生将理论转化为政治信仰。近一半的大学生对思想政治理论课的兴趣源于教师授课的优劣。因为作为公共课，思想政治理论课不像专业课对学生的知识技能提升有要求，学生抱着无所谓和轻松的心态上课，只有教师讲得好、有吸引力，才能使学生积极学习。否则，学生以麻木的心态去听课，被逼完成学习任务，就无法在自己思想深处产生实质性的影响，还在无形中削弱了思想政治理论课的作用。

3. 理论与实际脱节

作为受教育的主体，大学生要求思想政治理论课紧跟时代步伐，避免简单地重复高中内容，但目前这离学生的要求仍有较大差距。如今的大学生思维活跃，充满激情，个性独立张扬，追求时尚。他们希望政治理论课不是重复高中内容，不是不加解释地一味地灌输，而是采用其他灵活方式，使他们在潜移默化中受到教育，达到润物无声的教育效果。现实中的政治理论课恰恰相反，教学内容滞后于现实生活，缺乏对学生适应社会的指导。同时，部分思想政治理论课教师不能对相关理论进行深入浅出的讲解，导致学生认为相关理论过于深奥，难以在现实生活中应用。

4. 缺乏对实际问题的解决

思想政治理论课教师总体比较受学生欢迎，但是在帮助学生树立正确的人生观，解决学生的理论困惑、学习障碍、人际交往困难以及提供一定的心理健康咨询服务等方面还亟待加强。大学生期待通过政治理论课的学习解决自己的实际问题，而不只是学到一些空洞的理论。理论如果不能指导实践，就缺乏说服力，就会成为无用的理论。思想政治理论课教师不能满足于做“经师”，更要做“人师”。思想政治理论课教师不仅要传授知识，更应该影响大学生的思想行为方式，使之产生正确的政治信仰。

思想政治理论课程是青少年爱国主义精神培养的主要途径之一，新媒体时代改变了传统信息的传播方式，颠覆了传统教育方式，我国思想政治理论课程亟待创新和改革。

第三节　借助新媒体培养新时代爱国主义精神的创新路径

进入新媒体时代，新时代爱国主义精神的培养面临着一系列机遇和挑战，亟待革新。新媒体作为一种全新的传播形式，在新时代爱国主义精神培养路径的创新中起着十分重要的推动作用。青少年是祖国的未来建设者和社会主义接班人，本节主要对借助新媒体培养青少年新时代爱国主义精神的创新路径进行分析。

一、发挥新媒体优势，促进新时代爱国主义精神培养

新媒体具有传播内容生动形象、辐射范围广、信息传播快而多等优势，为新时代爱国主义精神的培养路径的创新提供了基础保障。

（一）开展网络课堂教学活动

新媒体传播环境是一种自主、开放、多元的信息环境，具有信息传播的即时性、广泛性、共享性及超文本性等优势，为爱国主义教育提供了便利的条件。

新媒体的出现不仅扩大了传播范围，还带来了海量的传播信息，通过新媒体可以查找到有关井冈山精神、长征精神、延安精神、西柏坡精神、抗美

援朝精神、抗洪精神、奥运精神、航天精神等爱国主义教育资源。这些近现代爱国主义教育资源中所蕴含的爱国主义精神在培养新时代爱国主义精神中起着十分重要的作用。

例如，抗美援朝精神中所蕴含的维护祖国统一和民族团结的精神、不怕牺牲的精神、勇于创新的精神以及国际主义精神等均是新时代爱国主义精神的重要组成部分。抗美援朝精神可以借助网络报纸、网络电视节目、网络广播、网络视频、网上主题展览等方式进行传播从而对人民群众进行新时代爱国主义精神培养。

又如，结合特殊纪念日活动在网络上开展参观爱国主义教育基地网上展馆、“网上祭英烈，共铸中华魂”等公祭主题活动，不断引导我国公民认同爱国主义精神、爱国信念，把爱国热情化作报效祖国的实际行动。

（二）开展各种社会实践活动

青少年天性活泼，喜爱新奇事物，不喜枯燥的说教。

针对青少年群体的这一特点，可以进行线上线下相结合的爱国主义教育。在马克思主义信仰教育中，我们应该利用多种形式深入开展各种社会实践活动。比如，可以通过开展参观爱国主义教育基地、走访英雄的故乡等系列活动，让大学生在缅怀历史中接受教育，感受马克思主义强大的吸引力和伟大的战斗力，特别是要结合中国特色社会主义建设的生动实践，通过参观教育报告会、座谈会等各种形式，让大学生参与社会实践，在实践中感受中华人民共和国成立以来特别是改革开放40多年来的巨大变化，从中体会社会主义制度的优越性和马克思主义的强大生命力，从而坚定社会主义的信念和共产主义信仰，培养爱国主义精神。

除了线上活动之外，还可以借助班级QQ群、专业微信群、校园BBS等新媒体平台积极开展爱国主义网络征文、演讲比赛、时政热点网上知识竞赛、抗美援朝网上学习沙龙等活动，促进青少年对抗美援朝精神和爱国英烈事迹的传播，进而培养青少年的民族自尊心、自豪感和自信心。

（三）开展网上疏导教育和心理咨询工作

青少年正处于价值观和世界观的形成过程之中，极易受外界思想的影响，而新媒体时代由于信息传播的便捷性，各种新媒体平台上充斥着大量不利于青少年健康成长的思想，对此，各级各类学校应重视青少年的心理健康，利用网络技术以青少年为对象开展网上疏导教育和心理咨询工作。

例如，在学校建立心理咨询机构或心理诊所，每百名学生配备一位专职心理健康教师，普及心理健康知识，并建立心理健康指标评价体系、预警及有效干预机制，对学生问题做到早发现、早解决，培养心理素质健康的学生。又如，教师可以通过在网上测试学生人格、心理健康等，了解学生的心理健康情况，并利用即时通信工具，有针对性地解决学生的思想问题和实际困难，让学生健康成长，以健康的心态、清晰的理念去选择自己的终身信仰，从而达到培养学生新时代爱国主义精神的目的。

二、创建新媒体教育阵地，促进新时代爱国主义精神培养

新媒体平台形式多样，借助新媒体培养新时代爱国主义精神往往能够起到事半功倍的作用。

（一）借助微信平台促进新时代爱国主义精神培养

微信平台具有交互性强、资源丰富、传播迅速、信息量大、覆盖面广、形式多样的特点，在促进新时代爱国主义精神培养方面起着十分重要的作用。

例如，大学生党建工作在培养大学生正确的社会主义核心价值观和人生观方面具有重要作用，在开展大学生党建工作时，可充分利用微信新媒体平台构建微信生态系统，开展党建宣传，提升大学生对社会主义核心价值观的认同感，培养大学生的新时代爱国主义精神。

笔者曾在辽东学院农学院开展大学生微信公众平台党建实践，取得了一些成果，在借助微信新媒体开展党建活动，培养当代大学生的爱国主义精神方面积累了较为丰富的实践经验。

辽东学院农学院党总支微信平台创建初期设置了三个一级目录，即微关注、微党建、微生态。在一级目录下又设立了二级目录：微关注二级目录为书记寄语、党建动态、教师党员风采、学生党员风采、美文欣赏 5 个部分；微党建二级目录为党总支构架、党总支概况、发展与公示、通知 4 个部分；微生态二级目录为微党课、微公益、微服务、微阵地、微联系 5 个部分。

辽东学院农学院党总支微信平台创建后取得了较好的成果，关注人数、单日阅读量稳步增长，学生反应良好，同时有效发挥了优秀党员在普通学生中的模范带头作用，在新媒体时代背景下开辟了一条高校开展学生党建工作的新道路。

辽东学院农学院在探索大学生党建“微信生态系统”工作模式这一党建品牌建设方面取得了一些实际成效，但是随着微信功能的强大和探索中问题的出现，仍然需要我们不断地努力提升它、优化它。

1. 大学生党建“微信生态系统”要突出与时俱进

大学生党建“微信生态系统”要与时俱进地迎合信息化带来的新趋势，充分利用微信这一平台，将党的时事文章、方针政策、习近平总书记的重要论述以及积极传播正能量的学术前沿文献资料及时传播到每一个学生党员、重点积极分子中，使他们及时、全方位地了解党和国家的信息，牢牢地掌握高校学生党员教育的主动权。

2. 大学生党建“微信生态系统”要突出服务为本

我们建立“微党建”“微关注”“微党课”“微服务”“微公益”“微阵地”“微联系”的虚拟“微信生态系统”体系并不是为“微”而“微”，不是为了赶时髦、赶潮流，而是从“微”中找出蕴藏着引领大学生思想的教育正能量，以提升基层党建工作的影响力。只有这样，才能做到一心一意为学生，脚踏实地为党建。

3. 大学生党建“微信生态系统”要突出持之以恒

大学生党建“微信生态系统”这一基层党建品牌的建设和发展没有多少文献资料和现成“微信公共平台”的建设经验来借鉴，这就需要有常态化机制作为保障、科学化论证做后盾，认认真真地低下头来探索研究，持之以恒地为平台建设想出好点子，推出好框架，写出好文章，去滋养人心。只有这样，才能使党员关注基层党建工作，关心基层党建活动，关注党建平台。

4. 大学生党建“微信生态系统”要突出以点带面

创新一定要与当前大学生党建工作的实际相结合，找出针对性强的新路子、新方法，不能一味地求大、求新、求全，以自我为中心，忽视所服务的师生党员的主体性要求，片面强调“自上而下”的改天换地式创新，否则会失去群众基础。我们需要做的是充分论证，找出高校党建工作与大学生工作的最佳结合点，有的放矢。只有这样，才能使大学生党建“微信生态系统”这个党建品牌以点带面，激发了大学生党建工作的创新热情。

从大学生党建“微信生态系统”的实践中可以看出，在新媒体时代可以借助多种形式的新媒体平台构建虚拟社区，加强与青少年的互动，拉近教育者与青少年之间的距离，从而赢得青少年群体的拥护和信任，向青少年群体传播革命英烈的爱国事迹，展示强国强军形象，增强青少年的民族自信心和自豪感，充分激发青少年的好奇心和求知欲，进而培养青少年的新时代爱国主义精神。

（二）加强爱国主义教育网站建设

门户网站是新媒体的主要形式之一，在新媒体环境中，我国各级各类机构和教育部门已开设了“民族魂”“血铸中华”“强国社区”“中国爱国主义教育网”“青少年爱国主义网”等爱国主义教育网站。这些网站借助丰富的形式和海量素材对青少年进行爱国主义教育。

然而，在现实实践中，这些爱国主义教育网站的发展呈现出不平衡的态势。大部分爱国主义教育网站存在页面单一枯燥、内容呆板严肃、资料陈旧的不足，导致青少年较少主动点击这些网站进行学习，不利于爱国主义教育的开展。

鉴于此，在进行爱国主义网站建设中应增强网站内容的丰富性与形式的多样化。除此之外，爱国主义网站建设还应增强时代性、互动性、理论性。

例如，抗美援朝周年纪念日，党建网等爱国主义网站应以此为主题开辟专门网页，以图文并茂、声色俱全的多样化形式对抗美援朝纪念日活动进行宣传，便于青少年系统地了解抗美援朝的历史和各种教育资源（图 7–2）。

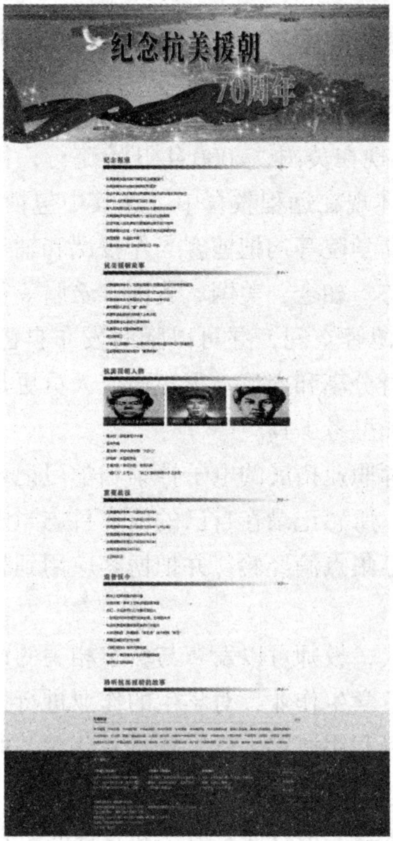

图 7-2　党建网制作的纪念抗美援朝出国作战 70 周年主题网页

在借助新媒体进行爱国主义精神培养中，应充分发挥意见领袖的带头作用。网络信息传播中由于信息的海量化，受众每天接收大量的碎片信息，大量的新闻报道也因此淹没在信息海洋中。只有较少的信息通过网络意见领袖的传达，被大多数网民所接收。新媒体传播中网络意见领袖是由网络媒体的采编人员、个人网站的所有者、网络论坛中的活跃者以及网络舆论中的知识分子构成的。网络意见领袖在爱国主义精神培养中起着重要作用。爱国主义教育工作者应该积极培育大学生意见领袖，为青少年营造干净、健康的舆论环境，积极引导青少年的爱国行为，推动青少年新时代爱国主义精神的培养，引导青少年做一个合格的爱国者。

三、设立专家型爱国主义教育博客，促进新时代爱国主义精神培养

博客于1998年出现在美国，2000年开始流行，目前博客在国外教育教学中的应用研究主要体现在远程教育中。这其中包括一些国外著名的学府，如哈佛大学、达特茅斯学院等均把博客当作授课和辅导学生的工具，充分发挥出了在线教育的优势。如今，美国、英国、希腊等很多学校中的教师和学生都可以申请自己的博客空间，并可以随时发布自己的研究内容和学习心得，还可以与他人进行分享和交流。很多研究人员更是把博客当作自己研究工作的知识收集工具和思考工具。

博客可以作为教师职业拓展的电子档案和学习记录。教师可以通过博客将自己的所教、所学、所感记录在自己的博客日志当中。在此过程中，教师不断积累和修改，以汇集点滴经验，并把博客应用到教育教学当中，以提升教学质量。

应用博客这种方式，教师可以发布与教学相关的通知，还可以为学生提供课外辅助材料、布置学生作业、对学生的作业进行批改和评价以及进行答疑。另外，教师还可以利用博客为学生提供一些相关的学习信息，并提供相应的学习资源链接方式。可以说，博客可以使学生有目的地扩展课外学习的方法和内容，是辅导教育者进行课堂教学和管理的工具之一。

博客的写作性学习取决于博客的共享性特点。无论校内还是校外，无论是否注册会员，都可以自由地访问。博客的这一特性使更多的学习者可以无条件地参与到群体学习过程中。

学习情况电子档案是当前博客在教育领域中应用最多的方式。国外很多院校均为本校的教师和学生建立了相应的博客日志，通过对教师和学生日常学习情况的记录，逐步形成了一套完整的学习情况电子档案，并据此采取了相应的改进和完善措施。

在合作学习或研究性学习过程中，很多教师把博客当作自己研究工作的知识收集工具和思考工具，记录并且为其他合作者提供外界资源链接，供其他合作者进行评价。很多教师纷纷在相关博客网站中记录了自身的教学及研究经验和体会，欧美国家的一些学校与教师正在进行将博客应用于教育的相关实验。

辅导员在青少年教育中具有十分重要的作用，尤其是在青少年思想引导和爱国主义教育方面起着十分重要的作用。辅导员博客是指高校辅导员依托网络建立一个通过个人化表达、网络链接，积极拓展文章内容、知识范围并以日记体的形式频繁更新，以期达到对大学生群体进行思想政治教育目的的网络交流互动方式。

辅导员博客是一种全新的人际交往形式，具有平等参与、自由表达、复杂互动、匿名传播、瞬间扩散、身份虚拟、角色多变等特点。在新媒体环境中利用辅导员博客对青少年进行新时代爱国主义精神培养，可以将学生关注的事实要点与马列主义思想和新时代爱国主义精神结合起来，从而有效促进青少年思想政治教育，引导青少年树立正确的世界观、人生观、价值观，并向革命先辈学习顽强拼搏、艰苦奋斗的精神。除此之外，还可以借助辅导员博客促进辅导员和学生之间的互动和平等对话交流，这有利于辅导员对学生心理健康情况的掌握，能在潜移默化中对青少年进行新时代爱国主义精神培养。

四、提升师生的媒介素养，促进新时代爱国主义精神培养

新媒体时代对教育者提出了更高的工作要求，现阶段我国爱国主义教育多注重传统的课堂书本教育，而对新媒体网络技术的应用较少。只有不断提升学校师生的媒介素养，才能更好地提高新时代爱国主义精神的培养效率。

计算机网络技术以惊人的速度影响着社会进程和人类未来，改变着人们的生活、学习、工作和思维方式，而现代化的教学手段无疑成为爱国主义精神培养的重要手段。

教师是高校爱国主义教育的主体，教师媒介素养的高低直接关系到高校爱国主义教育的效果。教师媒介素养的提升能够改变学生单一的信息获取形式，使学生从单纯利用文字语言符号获取线性化、抽象化的爱国主义知识逐渐转变为从众多媒体信息中获取爱国主义知识，从而让爱国主义教学变得更加简明、具体、直观。

运用现代化的教学手段，能够建立起以学生为中心的教学模式。这不仅有利于学生认知，使抽象的知识更易理解，还可以激发学生的情感，调动学生学习爱国主义精神的积极性。现代科学技术的研究成果不断地应用于爱国主义教学活动中，不仅使爱国主义教学更生动、更形象，加速了学生对新时

代爱国主义精神的理解和掌握，也使新时代爱国主义精神的教学水平与时代同步发展。

此外，互联网的发展已经改变了当代大学生成长的环境，他们的学习和生活方式、接收信息的形式、交往的方式、个性心理与思想观念的发展等方面都发生了重大的变化。教师只有不断提升媒介素养，熟练运用现代化的网络交流工具，才能与青少年实现密切交流。

除了提升教师的媒介素养之外，还应注重提升学生的媒介素养，学生媒介素养的高低也会直接影响到爱国主义教育工作的实效性。因此，教师除了提升自身的媒介素养之外，还应在学生群体中积极开展新媒体综合教育，提升青少年的媒介评判力以及综合运用新媒体的水平，从而为青少年的爱国主义教育奠定基础。

综上所述，新媒体时代，我国对国民进行新时代爱国主义精神培养时应从新媒体的特点和功能入手，结合不同群体的学习特点，不断创新爱国主义教育形式，提升新时代爱国主义精神培养效率。

参考文献

[1] 中共中央马克思恩格斯列宁斯大林著作编译局 . 马克思恩格斯全集：第 1 卷 [M]. 北京：人民出版社，1972.

[2] 中共中央马克思恩格斯列宁斯大林著作编译局 . 列宁选集：第 3 卷 [M]. 北京：人民出版社，1972.

[3] 四川大学古籍整理研究所 . 全宋文：第 9 册 [M]. 成都：巴蜀书社，1990.

[4] 齐涛 . 中国通史教程：近代卷 [M].3 版 . 济南：山东大学出版社，2004.

[5] 张进喜，陶劲松 . 中外国防教育比较 [M]. 武汉：武汉理工大学出版社，2004.

[6] 曹启富 . 弘扬和培育大学生民族精神研究 [M]. 成都：西南交通大学出版社，2006.

[7] 中共中央文献研究室 . 建国以来重要文献选编：第 4 册 [M]. 北京：中央文献出版社，1992.

[8] 中共黔东南州委党史研究室 . 中国共产党黔东南苗族侗族自治州历史：第一卷 [M]. 北京：中共党史出版社，2015.

[9] 国家知识产权局直属机关党委 . 伟大的中国精神 [M]. 北京：知识产权出版社，2015.

[10] 魏泳安 . 中国精神的时代内涵及培育研究 [M]. 北京：中国社会科学出版社，2018.

[11] 张士义 . 新中国砥砺奋进的七十年：手绘插图本 [M]. 北京：东方出版社，2019.

[12] 翟继光 . 纪检监察依法依纪办案常用法律法规全书：第 1 卷 [M]. 北京：中国民主法制出版社，2019.

[13] 吴楚材，吴调侯 . 古文观止 [M]. 郭锐，注译 . 武汉：崇文书局，2020.

[14] 刘勇，李敬真，徐光顺 . 试论毛泽东的国防观与新时期国防教育 [J]. 毛泽东思想研究，2000（1）：74–76.

[15] 傅晓宇，王海稳. 多维视野中的爱国主义内涵 [J]. 理论月刊，2004（12）：

53–55.
[16] 温海波 . 试论当代大学生的犯罪现状及预防 [J]. 辽宁行政学院学报，2006(9):22–23.
[17] 马崇坤，温海波 . 当前高校政治信仰教育的现状调查 [J]. 辽宁行政学院学报，2009，11（12）：171–172.
[18] 吴建平 . 我国近代国防教育的历史发展及其启示 [J]. 昆明理工大学学报（社会科学版），2010，10（4）：95–99.
[19] 温海波，孙希国 . 大学生政治信仰教育体系的构建 [J]. 辽宁行政学院学报，2010，12（1）：126–128.
[20] 温海波 ."辅导员博客"的思想教育功能及其实现 [J]. 高校辅导员学刊，2010，2（4）：7–9.
[21] 龚保家，涂雅琴 . 浅谈中国传统陶瓷造型与古代哲学思想之关系 [J]. 艺术评论，2012（12）：87–89.
[22] 温海波 . 论高校辅导员创新团队建设：意义、特征与建议 [J]. 辽宁行政学院学报，2013，15（9）：60–62.
[23] 温海波 . 网络环境下大学生政治信仰立体培育的有效形式 [J]. 广西青年干部学院学报，2014，24（5）：20–22，35.
[24] 陈永刚 . 红色文化融入新时代大学生爱国主义教育的实现路径 [J]. 未来与发展，2020，44（3）：42–46.
[25] 谭义恒，冯丰收 . 新中国成立以来国防教育的主要发展和基本经验 [J]. 安康学院学报，2020，32（2）：119–123.
[26] 国家统计局 . 中华人民共和国 2020 年国民经济和社会发展统计公报 [J]. 中国统计，2021（3）：10–24.
[27] 侯松涛 . 抗美援朝运动中的社会动员 [D]. 北京：中共中央党校，2006.
[28] 蔡海波 . 抗美援朝运动的民众动员探析 [D]. 开封：河南大学，2009.
[29] 刘红梅 . 红色旅游与红色文化传承研究 [D]. 湘潭：湘潭大学，2012.
[30] 胡继红 . 新媒体环境下大学生爱国主义教育创新研究 [D]. 武汉：华中师范大学，2012.
[31] 王建彩 . 高校校园红色文化的德育功能研究 [D]. 杭州：浙江理工大学，2014.
[32] 肖灵 . 当代大学生红色文化教育研究 [D]. 南京：南京师范大学，2014.

[33] 黎适 . 新媒体环境下大学生爱国主义教育研究 [D]. 昆明：云南大学，2015.

[34] 王孔睿 . 云南大学生红色文化认同与爱国主义精神培养研究 [D]. 昆明：昆明理工大学，2015.

[35] 卜婷 . 建国以来我国国防教育的演进特点研究 [D]. 南昌：南昌航空大学，2016.

[36] 逄大明 . 抗美援朝运动对新中国社会价值观建设的影响与启示 [D]. 青岛：青岛科技大学，2017.

[37] 唐世利 . 以微信为载体的大学生爱国主义教育研究 [D]. 贵阳：贵州大学，2017.

[38] 庄海龙 . 新时期高校红色文化育人研究 [D]. 扬州：扬州大学，2018.

[39] 万圆圆 . 抗美援朝运动中民众国家认同建构及经验研究 [D]. 重庆：西南大学，2019.

[40] 李昱 . 习近平关于青年爱国主义教育重要论述研究 [D]. 兰州：西北师范大学，2020.

[41] 习近平 . 在庆祝全国人民代表大会成立 60 周年大会上的讲话 [N]. 人民日报，2014-09-06（2）.

[42] 习近平 . 决胜全面建成小康社会 夺取新时代中国特色社会主义伟大胜利：在中国共产党第十九次全国代表大会上的报告 [N]. 人民日报，2017-10-28（1）.

[43] 习近平． 在北京大学师生座谈会上的讲话 [N]. 人民日报，2018-05-03（2）.